고요의 힘

나를 바꾸는 **5**분의 기적

고요의 힘

SILENCE

틱낫한 지음 · 위소영 옮김

소수

　　　　　우리는 인생의 오랜 시간 동안 행복을
찾아 헤매고 있습니다. 세상은 늘 경이로움으로 가득 차 있는
데도 말이죠. 이 아름다운 지구 위에서 살고, 걷고 있다는 것
은 그 자체로 기적인데 대부분은 마치 어딘가 더 좋은 곳이
있는 것처럼 그곳에 가 닿기 위해 뛰어다닙니다. 매일, 매 순간
아름답고 경이로운 것들이 우리를 부르고 있지만 그것을 들을
수 있는 사람은 거의 없는 듯합니다.

　그 부름을 우리가 듣고 반응하기 위해서 가장 기본적으로
갖춰야 할 조건은 고요함입니다. 우리의 내면에 고요함이 없다
면, 우리의 마음과 몸이 소음으로 가득 차 있다면, 우리는 아
름다움이 부르는 소리를 듣지 못할 것입니다.

우리의 머릿속에는 라디오 하나가 켜져 있습니다. NST Non-Stop Thinking라는 라디오 방송국이 늘 방송을 하고 있죠. 마음이 소음으로 가득 차 있어서 우리는 삶이 부르는 소리를 들을 수 없고 또한 사랑이 부르는 소리도 들을 수 없습니다. 마음은 우리를 부르고 있으나 우리는 듣고 있지 않아요. 마음의 소리를 들을 시간과 여유가 없는 것이죠.

마음챙김은 우리의 내면을 조용하게 만드는 수행입니다. 마음챙김이 없다면 우리는 세상의 많은 것들에 의해 끌려다닐 것입니다. 과거에 대한 후회와 슬픔에 끌려다닐 것이고, 오래된 기억을 다시 두드리며 이미 경험했던 고통을 반복해서 겪을 것입니다. 과거라는 감옥에 갇히는 것은 쉬운 일입니다.

우리는 또한 미래에 끌려다닙니다. 미래를 걱정하고 두려워하는 사람은 과거에 갇혀있는 사람과 같습니다. 미래에 대한 걱정과 두려움, 불확실성은 우리가 행복이 부르는 소리를 듣지 못하게 합니다. 그래서 미래도 감옥이 되고 말죠.

비록 과거도 미래도 아닌 현재에 집중하려고 노력하고 있을지라도, 우리들의 마음은 대부분 산만한 상태고, 공허함을 느낍니다. 마치 내면이 진공 상태인 것처럼. 우리는 좀 더 흥미로운 삶을 위하여 필요한 어떤 것을 갈망하고 기대하고 기다립니다. 현재가 특별하거나 재미있는 삶이 아니고 지루하게 보이기 때문에 그 상황을 변화시킬 수 있는 어떤 것을 기대하는 것이죠.

마음챙김은 종종 우리가 하던 일을 멈추고 그저 조용히 들을 수 있게 상기시켜 주는 종소리로 묘사되기도 합니다. 우리 내면이나 주변의 어떤 소음에 의해서도 끌려다니지 않을 수 있다는 것을 기억하도록 돕기 위해서 실제로 종이나 다른 신호를 사용할 수도 있습니다. 종소리가 울리면 우리는 하던 일을 멈춥니다. 고요함을 위한 자리를 만들기 위해 숨을 들이쉬고 내쉬며 호흡에 집중합니다. 그리고 자신에게 이렇게 말합니다. "숨을 들이쉬고 나는 내가 숨을 들이쉬고 있다는 것을 안다." 숨을 들이쉬고 내쉬는 것을 스스로 알아차리고 오직 호흡에 집중하면서 우리는 내면의 모든 소란스러움을 조용하게 가라앉힐 수 있습니다. 과거와 미래에 대한 떠들썩한 수다들과 더 많은 어떤 것을 원하는 그 갈망들을.

마음챙김 안에서 호흡하는 단지 2, 3초, 그 짧은 순간에 우리는 살아있다는 것과 숨을 쉬고 있다는 사실을 알아차리게 됩니다. 우리는 여기 있습니다. 우리는 지금, 여기 존재합니다. 내면의 소음은 어느새 사라지고 거기엔 깊고 거대한 텅 빈 공간이 있습니다. 그것은 매우 강력하고 매우 웅대합니다. 당신 주변의 아름다움이 당신을 부르면 이렇게 대답하세요, "나는 여기 있어요. 나는 자유롭습니다. 당신의 목소리를 듣고 있어요."

"나는 여기 **있습니다.**"는 무슨 의미일까요? "나는 **정말로** 여기에 있습니다. 나의 내면과 외부의 소음들 안에서, 과거와 미래, 온갖 생각들에서 길을 잃지 않았습니다. 그래서 지금, 여기 진정으로 존재합니다."라는 것을 의미합니다. 진정으로 지금, 여기에 존재하기 위해서 당신은 오만 가지 생각들로부터 자유로워야 하고 불안과 두려움, 갈망으로부터 자유로워야 합니다. "나는 자유롭다."라고 분명하게 말하는 것은 강력한 언명입니다. 왜냐하면 사실은 우리들 대부분이 자유롭지 못하기 때문이죠. 보고 듣고 있는 그대로 있을 수 있는, 그렇게 있어도 되는 그런 자유를 우리는 가지고 있지 못합니다.

함께 고요하다는 것은

나는 프랑스 플럼 빌리지에서 살고 있습니다. 그곳에서 우리는 '숭고한 고요함'이라고 불리는 일종의 침묵을 수행하고 있죠. 수행은 쉬워요. 만일 우리가 이야기하고 있다면 우리는 그저 이야기하고 있습니다. 그러나 우리가 다른 것을 하고 있다면, 예를 들어, 먹고 있거나 걷고 있거나 일을 하고 있다면 우린 그냥 그것을 할 뿐입니다. 우리는 기쁘고 고귀한 침묵 속에서 이런 것들을 합니다. 단지 이야기를 하고 있거나 다른 어떤 것들을 하고 있는 것이 아니죠. 이런 방식으로 마음속 가장 깊은 곳의 부름을 자유롭게 들을 수 있죠.

최근에 많은 수의 승려와 재가자들이 함께 풀밭에 앉아 점심을 먹고 있었던 적이 있습니다. 우리 모두 각자 자기 음식을 가지고 와서 함께 먹기 위해서 자리에 앉았죠. 동그란 원을 만들어 앉았는데 작은 원 바깥으로 좀 더 큰 원을 만들고 더 밖으로는 더 큰 원을 만들어 앉았습니다. 우리는 말하지 않았어요.

내가 제일 처음 앉았습니다. 마음을 고요한 상태로 만들기 위하여 호흡을 알아차리면서 앉아 있었습니다. 새들이 노래하는 것도 듣고 바람 소리도 듣고 아름다운 봄을 느끼면서 즐기고 있었습니다. 나는 식사를 시작하기 위하여 다른 사람들이 와서 앉기를 기다리고 있지 않았습니다. 그저 한 20분 정도 그 자리에 앉은 채로 편안히 즐기고 있었습니다. 다른 사람들이 자기 음식을 담고 가져와 앉는 동안에 말이죠.

고요의 힘

침묵이 있었습니다. 그러나 내가 느끼기에는 그 침묵이 생각만큼 그리 깊은 침묵이 아니었습니다. 그것은 아마도 다른 이들이 접시를 들고 음식을 가져와서 앉는 동안 소란스러웠기 때문일 겁니다. 나는 고요함 속에 앉아서 이것을 지켜보았습니다.

나는 작은 종을 가지고 있었습니다. 사람들이 다 앉았을 때 그 종을 울렸습니다. 우리는 일주일 동안 함께 종소리를 들으며 마음챙김으로 호흡을 들이쉬고 내쉬는 것을 훈련했기 때문에 종소리를 잘 들을 수 있었습니다. 종소리를 주의 깊게 들은 직후 침묵은 다른 것이었습니다. 그것은 진정한 고요함이었어요. 왜냐하면 사람들이 생각을 멈춘 것이죠. 우리는 숨을 들이쉴 때 들숨에 집중하고 숨을 내쉴 때 날숨에 집중했습니다. 다 함께 호흡했고 우리의 집단적인 침묵은 강한 에너지장을 만들어 냈습니다. 이와 같은 고요함을 우레와 같은 고요함이라고 부를 수 있죠. 강력하고 무언의 웅변 같은 고요함이었습니다. 이런 고요함 속에서 나는 바람 소리와 새소리를 더 생생하게 들을 수 있었습니다. 그전에도 그 소리들을 듣고 있었지만 이런 소리는 아니었습니다. 이렇게 깊은 고요함이 내게 없었기 때문이었죠.

모든 종류의 소음들을 비워내기 위해 고요함을 수행하는 것은 어려운 일이 아닙니다. 약간의 훈련으로 당신은 그 수행을 할 수 있습니다. 고귀한 침묵 속에서 당신은 걷고, 앉고, 음식을 즐길 수 있습니다. 그런 침묵, 또는 고요함이 당신 내면에 자리하고 있다면, 살아있음을 마음껏 향유할 수 있고 삶의 모든 경이로움에 감사할 수 있는 충분한 자유를 갖게 됩니다. 그 고요함 속에서 당신은 정신적, 육체적으로 스스로를 치유할 수 있으며 더 큰 능력을 갖추게 됩니다. 당신은 그 자리에 살아서, 존재할 수 있습니다. 진정으로 자유롭기 때문이죠. 과거에 대한 후회와 고통으로부터 미래에 대한 불확실함과 두려움으로부터 모든 종류의 정신적 소란스러움으로부터 자유롭습니다. 혼자 있을 때 이런 방식으로 고요한 것은 좋은 것입니다. 그리고 또한 이런 방식으로 함께 고요한 것은 특별히 역동적이면서 치유적인 것이 됩니다.

소리 없는 소리

고요함은 종종 아무런 소리가 없는 것으로 묘사됩니다. 그러나 이것은 매우 강력한 소리가 될 수도 있습니다. 2013년에서 2014년 사이의 겨울이 기억납니다. 그때 프랑스는 그리 춥지 않았어요. 그러나 북아메리카는 매우 춥다고 우리는 듣고 있었습니다. 눈 폭풍이 보통의 겨울보다 훨씬 더 많이 몰아쳤고 기온은 영하 20도 이하를 기록하고 있었어요. 나이아가라 폭포 사진을 보았습니다. 거기에는 매우 인상적인 장면이 담겨 있었습니다. 폭포는 얼어붙어서 그대로 멈춰 있었어요. 물줄기가 더 이상 **떨어져 내릴 수 없었습니다.** 완전히 얼어붙어 그대로 멈춰 있었습니다. 그 소리와 함께.

약 40여 년 전 나는 태국의 북동쪽에 있는 치앙마이에 있었습니다. 청년들을 위한 안거를 위해서였죠. 나는 돌멩이가 많은 개울 가까운 곳의 오두막에서 지내고 있었습니다. 그곳에서는 언제나 폭포 소리가 들렸죠. 그저 호흡하고 빨래하고 개울가 커다란 바위 위에서 낮잠 자는 것을 즐기고 있었습니다. 그런데 그 폭포 소리는 내가 어디에 있든 들렸어요. 밤낮으로 같은 소리를 들었습니다. 나는 주변의 나무들과 덤불을 보면서 생각했습니다. 이 나무와 덤불은 태어난 이후로 계속 이 소리를 듣고 있었겠구나. 이 소리가 완전히 멈추고 태어나서 처음으로 이 나무들과 덤불이 아무 소리도 듣지 못한다면, 소리

없는 소리, 고요를 듣는다면 하고 가정해 보자. 그냥 한 번 상상해 보세요. 갑자기 폭포 소리가 멈추고 태어나서 지금까지 밤낮으로 듣고 있던 소리가 더 이상 들리지 않는 것을요. 나무와 덤불들이 들었을 그 소리를 생각해 보세요. 얼마나 놀라울지! 태어나 처음으로 들은 그 소리 없는 소리가.

다섯 가지 진실한 소리

'보살'은, 사람들의 삶의 고통을 덜어주고 편안하게 이끌어주기 위한 일을 자기 삶으로 여기는 크고 깊은 자비심을 가진 사람들을 부르는 불교 용어입니다. '관세음보살'이라고 불리는 보살에 관한 이야기가 있는데요, 깊은 경청을 하시는 보살을 가리킵니다. 관세음보살이라는 이름은 "세상의 모든 소리를 깊이, 온 마음을 기울여 듣는다."는 것을 의미합니다.

불교 전통에 따르면 관세음보살은 세상의 모든 소리를 듣는 능력을 가진 분입니다. 그(그녀)는 또한 세상을 치유할 수 있는 다섯 가지의 소리를 내시는 분입니다. 만일 당신의 내면에서 고요함을 만날 수 있다면, 당신은 이 다섯 가지 소리를 들을 수 있을 것입니다.

첫 번째 소리는, 삶의 경이로움이 당신을 부르는 소리, **아름답고 훌륭한 소리**입니다. 새 소리, 비가 내리는 소리 등이 그것이죠.

신은 소리입니다.

우주의 창조자는 소리입니다.

모든 것은 소리로 시작합니다.

두 번째 소리는 **세상을 관찰하는 자의 소리**입니다. 이것은 고요의 소리the sound of silence, 즉 듣고 있는 소리입니다.

세 번째 소리는 **브라마의 소리**[1]입니다. 이것은 **옴**om이라고 하는 초월적 소리로 인도의 영적인 사고에서는 오랜 역사가 있습니다. 옴이라는 소리는 세상을 창조하는 내적인 힘을 가지고 있다는 전통이 그것입니다. 이 소리에 의해 세상이, 온 우주가 창조되었다는 이야기죠. 성경의 요한복음서에도 같은 이야기가 있죠. "태초에 말씀이 계시니라"(요한 1:1). 가장 오래된 힌두교 경전, 베다Vedas에 따르면 세상을 창조한 그 말은 **옴**입니

---

1 '브라마Brahma'는 범천梵天을 가리키며 우주 만물의 본체, 우주의 근본 원리를 의미한다.

다. 인도 베다 전통에서 이 소리는 궁극의 실체, 또는 신을 말하는 것입니다.

많은 천문학자가 이와 비슷한 것을 믿게 되었습니다. 그들은 오랫동안 시간이라는 것과 우주의 기원을 찾으려고 했고, 우주의 시작은 바로 '빅뱅'이라는 가설을 세웁니다.

네 번째 소리는 **밀물의 소리**입니다. 이는 부처님의 목소리를 상징하는 것이죠. 부처님의 가르침은 우리들의 착각과 오해가 말끔하게 사라지도록 하고, 고통을 제거하며 모든 것들을 완전하게 변화시킬 수 있도록 합니다. 지혜롭고 효과적인 가르침입니다.

다섯 번째 소리는 **세상의 모든 소리를 초월한 소리**입니다. 이것은 무상無常의 소리로 특별한 말이나 소리에 너무 집착하지 않고 붙잡히지 않도록 상기시키는 소리입니다. 많은 학자들이 부처님의 가르침을 이해하기 복잡하고 어렵게 만들었습니다. 그러나 부처님은 사물과 현상에 대해서 매우 단순하게 말씀하셨고 말에 사로잡히지 않으셨습니다. 만일 어떤 가르침이 매우 복잡하다면 그것은 부처님의 소리가 아닙니다. 만일 당신이 듣고 있는 것이 너무 크고 소란스럽고 난해하다면 그것은 부처님의 목소리가 아닙니다. 당신이 가는 곳마다 이 다섯 가지 소리를 들을 수 있습니다. 심지어 당신이 감옥에 갇혀있다고 해도 **세상의 모든 소리를 초월한** 그 소리를 들을 수 있습니다.

당신의 가장 깊은 근심

당신이 내면의 모든 소음들을 가라앉힐 수 있게 되면, **천둥 같은 고요를** 만날 수 있게 되면, 당신은 내면으로부터 가장 깊은 어떤 부름을 듣기 시작합니다. 당신의 마음은 당신을 부르고 있어요. 당신의 마음은 당신에게 어떤 것을 이야기하려고 애쓰고 있어요, 그러나 또한 당신의 마음은 소음으로 가득 차 있어서 아직 그 부름을 들을 수 없죠. 당신은 밤낮으로 늘 끌려다니고 온갖 생각, 특히 부정적인 생각들로 가득 차 있습니다.

일상에서 우리는 대부분의 시간을 위로와 안락함을 찾아 헤맵니다. 물질적인 안락과 감정적인 위로를 찾아다니죠. 단지 살아남기 위해서요. 이것은 우리의 모든 시간을 앗아갑니다. 우리가 **매일의 근심**이라고 부르는 것이 이것들이죠. 우리는 이 일상의 근심, 걱정에 사로잡혀 있습니다. 어떻게 하면 충분한 돈과 음식을 마련하고 살 집과 다른 물질적인 것들을 가질 수 있을지 이런 것들에 집착하고 있는 것이죠. 또한 감정이 상해서 마음이 쓰이기도 합니다. 걱정하는 것이죠. 어떤 특별한 사람이 우리를 사랑하는지 아닌지, 직업은 안정적인지 아닌지 하는 것들이죠. 이런 종류의 문제들로 우리는 하루 종일 걱정합니다. 한편 지속시켜 나가기에 충분히 좋은 관계, 너무 어렵지 않은 관계를 맺기 위해서 부단히 애쓰고 있을 수도 있습니다. 의지할 수 있는 어떤 것을 계속 찾고 있는 것입니다.

우리는 아마도 이런 일상의 걱정들로 주어진 시간의 99.9%를 소비하고 있는지도 모릅니다. 물질적인 안락과 정서적으로 발생하는 근심들. 이것들은 충분히 이해할 만합니다. 왜냐하면 우리는 안전하다고 느끼기 위해 기본적인 욕구들을 충족시킬 필요가 있으니까요. 그러나 우리 대부분은 그 욕구 충족에 대한 기대와 걱정이 너무 지나칩니다. 신체적으로 안전하고 배고픔은 충족되었고 머리 위에는 지붕이 놓여있고 사랑하는 가족이 있어요. 그래도 우리의 걱정은 계속됩니다.

당신과 우리들의 가장 깊은 근심은, 아마 미처 인지하지 못했을 수도 있고 들어보지 못했을 수도 있는 그런 근심입니다. 우리는 모두 물질적이거나 정서적으로 느끼는 근심, 걱정과는 아무런 관계가 없는 **궁극의 관심사이자 근심거리**를 가지고 있습니다. 내가 삶을 살아가면서 도대체 원하는 게 뭘까? 하고 싶은 것이 뭘까? 그것이 바로 의문이죠. 우리는 여기 있습니다. 그런데 **왜** 여기 있을까요? 우리는 누구일까요? 우리 각자는 한 사람, 한 사람 다 누구일까요? 우리는 삶 속에서 무엇을 하고 싶은 것일까요? 이것은 보통 우리가 대답할 시간을 갖지 못했거나 만들지 못한 질문들입니다.

이것들은 단지 철학적 질문이 아닙니다. 만일 우리가 이 질문에 답할 수 없다면 평화도 기쁨도 가질 수 없습니다. 왜냐하면 어떤 기쁨도 평화 없이는 가능하지 않기 때문이죠. 우리 중 많은 사람은 이 질문에 결코 답할 수 없을 것이라고 느끼고 있습니다. 그러나 당신의 내면이 고요할 때, 마음챙김 안에서 당신은 그 질문들의 답이 바로 당신 자신이라는 것을 들을 수 있게 됩니다. 이 질문들에 대해서 어떤 답을 찾을 수 있을 것이고 마음 가장 깊은 곳에서의 부름을 들을 수 있습니다.

만일 당신에게 충분한 시간과 집중이 가능하다고 할 때, "나는 누구인가?"라는 질문을 던진다면, 아마도 약간은 놀라운 대답을 찾을 수도 있을 것입니다. 당신은 당신 조상들의 연속체인 것을 알게 될 테니까요. 당신의 부모님과 조상들이 당신의 모든 세포 안에 완전하게 존재합니다. 그러므로 당신은 그들의 연속

체인 것이죠. 당신은 동떨어진 자아를 갖고 있지 않습니다. 만일 당신이 부모님과 조상들을 당신에게서 떼어내고 싶다면, 그럼 남겨진 '당신'은 어디에도 없을 것입니다.

예를 들어, 당신은 물과 같은 요소로 만들어져 있다는 것을 알고 있을 겁니다. 만일 당신이 자신에게서 물을 제거한다면, 물을 제거하고 남겨진 '당신'은 어디에도 없을 것입니다. 당신은 흙으로 만들어졌습니다. 만일 당신이 자신에게서 흙이라는 요소를 없애 버린다면, 남겨진 '당신'은 없을 것입니다. 당신은 공기로 만들어졌습니다. 공기는 당신이 생존하기 위해 반드시 필요한 것입니다. 그러므로 당신이 자신에게서 공기의 요소를 제거한다면, 거기에 남겨진 당신은 없습니다.

그리고 불, 열기, 빛의 요소가 당신 안에 있습니다. 당신은 빛으로 만들어졌다는 것을 알고 있지요. 햇빛이 없다면 이 지구상에서 살 수 있는 것은 아무것도 없습니다. 곰곰이 생각해 보면 당신은 이 은하계의 가장 큰 별들 중 하나인 태양으로 만들어졌다는 것을 알 수 있어요. 그리고 당신뿐만이 아니라 지구도 그 별들로 만들어진 것이죠. 그러므로 당신은 저 별들입니다. 맑은 날 밤, 하늘을 올려다보세요. 그러면 저 위의 별들이 당신이라는 것을 알 수 있습니다.

당신은 그저 보통 때 '나'라고 생각했던 그 작은 몸이 아니에요.

달릴 필요 없어요

마음챙김은 당신에게 소중한 선물을 줍니다. 내면의 평화와
고요가 그것이죠. 이것들이 당신으로 하여금 내가 누구인지,
나는 무엇을 하면서 살고 싶어 하는지 깊이 들여다보고 답을
찾도록 합니다. 당신은 살아가면서 더 이상 의미 없는 추구를
하지 않게 됩니다. 지금 당신은 그 무엇인가를 찾아 끊임없이
뛰고 있습니다. 왜냐하면 물질이 당신의 평화와 행복에 정말
중요한 것이라고 생각하고 있기 때문이죠. 행복하기 위해서 이
런저런 조건들을 손에 쥐려고 당신 자신을 밀어붙이고 있습니
다. 당장 행복하기 위한 충분한 조건들을 가지고 있지 않다고
믿고 있죠, 그래서 많은 사람들이 그러는 것처럼 이것저것을 끊
임없이 쫓아다니는 습관을 못 버리고 더 발전시키고 있습니다.
"나는 지금 평화로울 수 없어. 나는 지금 멈추고 즐길 수 없
어. 행복하기 위해서 더 많은 조건이 필요해."
사실 당신은, 당신의 타고난 권리인, 당연히 누려야 하는 삶

의 환희를 압살하고 있는 것입니다. 그러나 삶은 경이로움으로 가득 차 있습니다. 놀랍도록 아름다운 소리들을 포함해서 말이죠. 만일 당신이 여기에 존재할 수 있다면, 만일 당신이 자유로울 수 있다면, 그러면 당신은 지금, 여기에서 당장 행복할 수 있습니다. 더 이상 어디론가 내달릴 필요가 없는 것이죠.

마음챙김 수행은
매우 단순합니다.

멈추고, 숨 쉬고, 당신의 마음을 조용하게 하는 것입니다.

매 순간,
지금, 여기에서 삶을 누리기 위하여
당신 자신에게로, 당신의 집으로 돌아옵니다.

삶의 모든 경이로움은 이미 여기에 있습니다. 그것들이 당신을 부르고 있어요. 당신이 그 부름을 들을 수 있다면 달리고 있는 것을 멈출 수 있을 것입니다. 당신이 필요한 것은, 우리 모두가 필요한 것은, 고요입니다.

삶이 내는 경이로운 소리를 들을 수 있도록 마음속 소음을 멈추어 보세요. 그러면 진정으로 깊이 있는 삶을 누릴 수 있게 될 것입니다.

일러두기

1. 본문의 주는 원서에는 없는 내용으로 옮긴이가 작성한 것이다.
2. 외국 인명·지명 등은 국립국어원의 외래어 표기법 규정을 따랐고 일부 독음은 관용적 표기를 따랐다.
3. 원서명은 이탤릭체로 표기했으며, 책 제목은「 」, 편명은「 」, 간행물은《 》로 묶었다.

차례

고요한 시간과 공간은 반드시 필요한 것입니다. 우리에게
공기가 필요한 만큼, 식물에게 햇빛이 필요한 만큼 말이죠.
만일 우리의 마음이 수많은 말과 생각으로 가득 차 있다면
거기엔 진정 우리를 위한 공간은 없습니다. 당신은 과연
하루에 몇 분이나 고요 속에서 지내고 계신가요?

1

소음을 줄이다

만일 당신이 전기도 들어오지 않는 산 속에서 홀로 사는 것이 아니라면, 어떤 방해도 받지 않고 하루 종일 끊임없는 소음과 온갖 정보의 물결 속에서 허우적거리고 있을 것이라는 것은 의심할 바 없습니다. 당신에게 그 누가 말을 걸지 않아도, 라디오나 다른 기기가 켜져 있지 않아도, 수많은 광고판과 전화 소리, 문자 메시지, 각종 소셜미디어, 컴퓨터 스크린, 온갖 고지서들, 그리고 우리에게 다양한 방법으로 다가오는 말들과 소리가 우리 앞에 있습니다. 가끔은 공항 탑승 구역 안에서 시끄러운 티브이 소리가 들리지 않는 곳을 찾기란 불가능할 때도 있습니다. 많은 사람의 아침 출근 시간은 SNS와 문자, 뉴스, 게임, 그리고 자기 스마트폰의 업데이트에 소비됩니다.

심지어 외부로부터 오는 소리나 문자, 다른 정보들이 없는 아주 드문 순간조차도 우리의 머리는 끊임없는 생각의 고리들이 연결되어 가득 차 있습니다. 만일 가능하다면 우리는, 과연 하루에 몇 분이나 진정한 고요 속에서 지낼까요?

고요함은 반드시 필요한 것입니다.
우리는 고요함이 필요합니다.
공기가 필요한 만큼, 식물에게 햇빛이 필요한 만큼 말이죠.
만일 우리의 마음이 수많은 말과 생각으로 가득 차 있다면,
거기엔 진정 우리를 위한 공간은 없습니다.

도시에 사는 사람들은 어느 정도 주변 소음에 익숙합니다. 늘 소리 지르는 사람이 있고, 차들은 경적을 울리며, 음악은 여기저기에서 요란하게 들려오죠. 끊임없이 계속되는 변함없는 소음의 존재는 사실 안정감을 주기도 합니다. 나는 주말 동안은 시골을 찾아가거나 명상수련원에 가는 친구들을 알고 있습니다. 그들은 그곳의 고요함이 오히려 겁나거나 불안정하게 느껴진다고 합니다. 그들은 늘 계속되는 소음에 익숙하므로

고요함이 안전하거나 편안하게 느껴지지 않는 것입니다.

식물은 햇빛이 없으면 자랄 수 없습니다. 그와 마찬가지로 사람은 공기가 없으면 숨을 쉴 수가 없죠. 모든 생명은 성장하고 그 자신이 되기 위해서 텅 빈 공간이 필요합니다.

고요함에 대한 두려움

나는 많은 사람이 고요함을 두려워한다는 인상을 받았습니다. 우리는 늘 무언가를 흡수하고 있어요. 문자, 음악, 라디오, 티브이, 또는 온갖 생각들 같은 것 말이죠. 모두 그 공간을 차지하고 있습니다. 만일 고요와 텅 비우기가 우리의 행복에 그렇게 중요하다면, 왜 우리는 살아가면서 자신을 위해 더 많은 빈 공간을 만들지 않을까요?

나의 제자 중 한 사람은 매우 친절하고 진심으로 경청하는, 그러나 말은 그리 많지 않은 파트너 한 사람이 있어요. 그런데 그 파트너는 집에서 항상 라디오나 티브이를 켜놓은 채로 있고, 앉아서 아침을 먹는 동안에는 신문이 그 앞에 펼쳐져 있는 것을 좋아합니다.

내가 아는 한 여성은 자기 딸이 절에서 명상하는 것을 매우 좋아하는데 자신에게도 한번 시도해 보라고 딸이 격려했습니다. 딸이 이렇게 이야기했어요. "엄마, 정말 쉬워요. 마루에 앉지 않아도 돼요. 의자가 있어요. 아무것도 하지 않아도 돼요. 그냥 조용히 앉아 있으면 돼요." 이 여성은 진심으로 대답했습니다. "나는 그게 두려워."

우리는 많은 사람에게 둘러싸여 있으면서도 외로움을 느낍니다. 함께 외로운 것이죠. 우리의 내면에는 텅 빈 곳이 있습니다. 이 텅 빈 곳이 뭔가 편안하지 않은 것이죠. 그래서 그곳을 무엇인가로 가득 채우려고 하고 아니면 치워버리고 싶어 합니다. 기술은 우리가 어딘가에 '계속 연결된 상태'로 있을 수 있도록 많은 도구를 제공합니다. 요즘 우리는 **언제나** '연결된' 상태죠. 그러나 늘 외로움을 느낍니다. 매일 여러 번 이메일과 소셜미디어 사이트를 확인합니다. 이메일을 보내거나 메시지를 계속 올리죠. 우리는 공유하고 싶어 하고 답신을 받고 싶어 합니다. 자신을 하루 종일 바쁘게 만들고 있는 것이죠. 연결되기 위해서요.

우리는 무엇이 그렇게 두려운 걸까요? 아마도 어떤 내면의 공허함, 고립감, 슬픔, 초조함 같은 것들을 느끼고 있을 수도 있습니다. 고독하고 사랑받지 못했다고 느끼고 있을 수도 있죠. 아주 중요한 어떤 것이 결여되어 있다고 느낄 수도 있습니다. 이런 느낌 중 어떤 것들은 아주 오래됐고 우리와 늘 함께 있었습니다. 우리의 모든 행동과 잠재의식 속에서 함께 살아온 것이죠. 수많은 자극을 자신에게 가하는 것은 우리가 느끼고 있는 것에서 달아나는 것을 쉽게 만들어요. 그러나 고요함이 그 자리에 있다면, 이 모든 것들이 자신을 분명하게 드러냅니다.

다양한 자극들

우리 주변의 모든 소리와 마음에서 끊임없이 반복되는 모든 생각들은 일종의 음식이라고 생각할 수 있습니다. 먹을 수 있는 음식, 입으로 씹고 삼키는 음식에 우리는 익숙합니다. 그러나 인간이 소비하는 음식은 단지 그것만이 아닙니다. 우리가 매일 읽는 것, 대화, 시청하는 쇼, 온라인 게임, 걱정, 생각, 불안 모두 다 일종의 음식입니다. 아름다움과 고요를 위한 공간이 우리의 의식에 없는 것은 당연한 일입니다. 끊임없이 다양한 종류의 음식으로 가득 채우고 있죠.

인간이 매일 소비하는 음식은 네 가지 종류가 있습니다. 불교는 이것을 네 가지 종류의 음식이라고 부릅니다. 입으로 먹는 '음식(단식)'[2], 여섯 감각기관으로 받아들이는 '음식(촉식)', 마음의 의도, 의지로 먹는 '음식(의사식)', 의식으로 먹는 음식, 즉 개인적인 의식과 집단적인 '의식(식식)'이 그것입니다.

먹을 수 있는 음식은 물론 당신이 매일 입으로 먹는 음식입니다. 두 번째 음식, '촉식'은 안眼, 이耳, 비鼻, 설舌, 신身, 의意를 통해 당신이 받아들이는 감각 경험입니다. 이것은 당신이 보고 듣고 냄새 맡고 접촉하는 것들을 말합니다. 문자 메시지, 창밖의 버스 소리, 그리고 당신이 지나가면서 읽는 광고판 모두 해당합니다. 비록 이것들이 실제로 입으로 먹는 음식은 아니지만, 의식 속으로 들어오는 정보이며 아이디어이고 당신은 매일 이것들을 소비합니다.

세 번째 음식은 '의사식'입니다. 의사는 당신의 의지, 관심, 욕망을 가리킵니다. 당신의 결심, 행동, 그리고 모든 움직임을 이

---

2   단식搏食. 입으로 먹는 음식이다. 인도에서 음식을 먹을 때 손으로 둥글게 뭉쳐 먹는 모양에서 '둥글게 하다', '뭉치다' 라는 의미의 단搏이 쓰인 듯하다.

것이 '먹여 키우기' 때문에 음식이라고 합니다. 자유의지가 없으면, 어떤 일을 하고자 하는 욕망이 없으면, 당신은 움직일 수 없을 겁니다. 그냥 시들어 갈 뿐입니다.

네 번째 음식은 '의식식'입니다. 이 음식은 당신의 개인적 의식과 마음이 마음을 먹여 키우는 방식을 말하며, 당신의 생각과 행동을 먹여 키웁니다. 또한 집단의식과 그 의식이 어떻게 당신에게 영향을 끼치는지도 포함되는 음식입니다.

이 모든 음식은 우리가 무엇을 먹는지, 얼마나 많이 먹는지, 먹는 것이 무엇인지 어떻게 알아차리는가에 따라서 건강한 음식이거나 그렇지 않거나 할 수 있고, 영양가가 있든지 또는 독이 될 수도 있습니다. 예를 들어, 우리는 가끔 우리를 아프게 하는 정크푸드를 먹거나 화가 났을 때 술을 많이 마시기도 합니다. 비록 이후에 기분이 더 나빠지더라도 마음을 다른 데로 돌려버리고 싶은 희망이 우리를 이렇게 만들기도 합니다.

다른 종류의 음식으로도 우리는 같은 행위를 합니다. 촉식 (감각 경험)으로 건전하고 깨달음을 전달하는 미디어를 흡수하기 위한 알아차림 상태에 놓일 수도 있고, 반면에 고통으로부터 자신의 주의를 딴 데로 돌리기 위해 비디오 게임이나 영화, 잡지에 함몰될 수도 있고, 심지어 나쁜 소문이나 남을 험담하는 것에 연루되기도 합니다. 의사식(자유의지)도 또한 건강(건설적인 동기)하거나 건강하지 못할 수(갈망과 집착)도 있습니다. 마찬가지로 집단의식도 건강하거나 그렇지 않을 수도 있어요. 당신이 속해있는 집단의 분위기나 의식에 의해 당신이 얼마나 영향을 받는지 생각해 보세요. 그 집단이 힘이 있거나, 행복하거나, 화가 나 있거나, 남의 험담을 예사로 한다거나, 경쟁적이거나, 아니면 무기력하거나 하는 것은 놔두고 당신이 받는 영향을 생각해 보는 것이죠.

네 가지 음식 모두 우리에게 깊은 영향을 끼치기 때문에, 우리가 무엇을 얼마나 많이 소비하는지 알고 있는 것은 중요한 일입니다. 알아차림은 우리를 보호하는 중요한 열쇠입니다. 보호막이 없으면 너무나 많은 독소를 흡수하게 됩니다. 그것을 알아차리지 못하면 결국 독소 가득한 소음과 의식으로 가득 차게 됩니다. 알아차림은 신생아의 예민한 피부를 보호하는 자외선 차단제와 같은 것입니다. 그것이 없다면 피부는 물집이 생기고 화상을 입을 것입니다. 알아차림의 보호막으로 인해 우리는 건강하고 안전하게 삶을 영위할 수 있으며, 우리 자신을 성장하게 하는 음식만 섭취할 수 있게 될 것입니다.

먹는 음식

우리들은 우리가 먹는 것들이 어떻게 우리의 느낌에 영향을 미치는지 알고 있습니다. 정크푸드는 우리에게 피곤함을 느끼게 하며 괴팍해지고 초조한 기분이 들도록 합니다. 또한 죄책감을 유발하며 아주 잠시 동안만 만족감을 느끼게 하죠. 반면에 과일과 채소는 우리의 몸에 활발한 원기를 돌게 하고 건강하게 해주며 영양이 풍부한 상태를 유지하게 합니다. 우리는 가끔 배가 고파서 음식을 먹는 것이 아니라 자신을 위로하고 싶거나 불편한 느낌에서 벗어나고 싶어서 먹습니다. 지금 당신이 뭔가 걱정되고 외로움을 느낀다고 가정해 보세요. 당신은 이런 기분이 탐탁지 않아요. 그래서 냉장고 문을 열고 뭔가 먹을 것을 찾습니다. 배가 고픈 것도 아니고 먹을 필요가 없다는 것도 알고 있어요. 그럼에도 먹을 것을 찾는 이유는 당신 내면의 그 느낌을 그저 덮고 싶기 때문입니다.

우리는 어느 수행센터에서 수련회를 열어도 매일 아주 푸짐한 세 끼의 채식을 제공합니다. 물론 그 음식은 마음챙김 안에서 애정이 듬뿍 담겨 준비되는 음식이죠. 그러나 음식에 대해서 걱정하는 참가자들이 있습니다. 내가 알고 있는 한 친구는 마음챙김 수련회에 처음 왔을 때 오직 자신이 먹을 차례가 언제인지에 대해서만 생각하고 있었습니다. 처음 이틀 동안 그는 늘 배가 고팠고, 음식을 먹기 위해서는 줄을 서야 한다는 사실을 좋아하지 않았습니다. 그는 음식이 동이 날까 봐 걱정했어요. 물론 그런 일은 한 번도 없었지만요. 어떤 활동을 하고 있든지 그는 음식을 첫 번째로 받기 위해서 일찍 끝내고 와서 줄을 섰습니다.

세 번째 날, 이 친구는 최근에 돌아가신 자신의 아버지에 대한 느낌을 나눌 수 있는 한 그룹 속에 있었습니다. 그 그룹의 사람들로부터 그는 엄청난 지지를 받았죠. 그 그룹은 조금 늦게 달려왔어요. 그러나 그가 음식을 받기 위한 줄에 도착했을 때, 스스로 깨달았습니다. 자신이 전혀 불안해하고 있지 않다는 것을. 음식은 충분히 있을 것이고 자신은 괜찮을 것이라는 느낌이 든 것이죠. 그 특별한 날, 밥과 채소가 동나지 않았다는 것이 나는 정말 기쁩니다!

고요의 힘

감각식

'감각 음식'은 우리들의 감각과 마음으로 흡수하는 것들입니다. 우리가 보고, 듣고, 냄새 맡고, 접촉하고, 맛을 보는 모든 것들을 말합니다. 대화나 오락, 그리고 음악과 같은 외부 소음 등이 이 영역에 해당합니다. 우리가 읽는 것들이나 흡수하는 정보도 또한 감각 음식입니다.

아마도 먹는 음식보다 우리가 소비하는 감각 음식이 훨씬 더 우리의 느낌에 영향을 줄 것입니다. 잡지를 보고 인터넷을 통해서 우리는 그림을 보고 음악을 즐기죠. 세상과 연결되기를, 자신이 알려지기를 원하는 것입니다. 자기 자신을 즐기고 싶은 것이죠. 이런 것들이 감각 음식을 소비하는 진짜 이유입니다. 그러나 그런 순간에 우리의 절실한 목적은 단지 자신에게서 달아나고 싶은 것이거나 내면의 고통을 그저 덮고 싶은 것입니다. 우리가 음악을 들을 때, 책을 읽을 때, 신문을 집어 들 때, 그것은 보통 정말 그것들이 필요해서가 아닙니다. 우리는 종종 기계적으로 그런 것들을 합니다. 아마도 습관으로 그런 것일 수도 있고, '시간을 죽이기' 위해서 그런 것일 수도 있고, 공허함이라는 불편한 느낌을 채우기 위해서 그런 것일 수도 있습니다. 아마도 자신을 마주하는 것을 피하려고 그럴 수도 있죠. 자기 내면의 고통을 어떻게 다루어야 할지 모르기 때문에 우리 대부분은 자신에게로, 자기 집으로 가는 것을 두려워하는 것입니다. 그래서 더 많은 감각 음식을 섭취하려고 손을 뻗고 있는 것이죠.

우리는 우리가 느끼고 인식하는 그 자체입니다.
만일 우리가 화가 난다면, 우리는 화입니다.
만일 우리가 사랑을 한다면, 우리는 사랑입니다.
만일 우리가 눈 덮인 산 정상을 바라보고 있다면,
우리는 그 산입니다.
꿈을 꾸는 동안에 우리는 꿈입니다.

최근 10대 아이 하나가 나에게 말하기를, 자신이 최소한 하루에 8시간 정도를 비디오 게임을 하면서 지낸다고 고백했습니다. 그는 멈출 수가 없다고 말합니다. 시작은 자기 삶이 즐겁고 기쁘지 않은 것을 잊기 위해서였고, 또한 가족과 학교, 마을에서 자신이 이해받지 못한다는 것을 생각하고 싶지 않아서였습니다. 지금 이 아이는 중독되어 있습니다. 하루 종일 비디오 게임을 생각하고 심지어 게임을 하지 않는 동안에도 온통 게임 생각뿐입니다. 우리 중에도 이와 비슷한 경우가 있죠. 외로움과 공허함을 감각적인 것들로 채우려고 애쓰는 것 말입니다.

우리들의 감각은 바깥세상을 향한 창입니다. 대부분은 언제나 이 창을 열어놓은 채로 세상의 모든 볼 것들과 소리가 우리를 침입하고 깊숙이 관통하고 슬픔과 괴로움의 고통을 악화시키도록 합니다. 끔찍하게 춥고 외롭고 두려움마저 느낍니다. 혹시 역겨운 상황이 펼쳐지는 티브이 프로그램을 보면서 그것을 *끄*지 못하는 자신을 발견한 적은 없으신가요? 시*끄*럽고 요란한 소음과 폭발음으로 난무한 총소리는 당신의 마음을 뒤집어엎을 만큼 혼란스럽게 하지만 벌떡 일어나서 티브이를 *끄*지 못합니다. 왜 이런 식으로 당신은 자신을 고문하는 걸까요? 편안한 마음으로 당신의 감각 창들을 닫아보고 싶지는 않으신가요? 고독이 두려운가요? 자신이 혼자 있을 때 어떤 공허감이나 외로움을 마주하게 될 일이 겁이 나나요?

저급한 티브이 프로그램을 볼 때 우리는 그 프로그램이 됩니다. 마술 지팡이 없이도 우리는 원하는 것이 될 수 있습니다. 그러니, 왜 감각의 창문을 질 낮은 영화나 티브이 프로그램을 향해 열어놓고 있는 걸까요? 심장을 마구 뛰게 하고 흥분하여

주먹을 불끈 쥐게 하고 모든 것이 탈진해 버린 길거리로 우리를 내몰면서 쉽게 돈을 벌려고 감각만을 자극하는 제작자들이 만들어 내는 영화와 티브이 프로그램을 도대체 왜 보는 것일까요?

대화도 감각적인 음식입니다. 한번 상상해 보세요. 당신이 지금 누군가와 이야기하고 있습니다. 그런데 그는 냉소와 질투와 욕망으로 가득 찬 사람입니다. 대화하면서 당신은 그 사람의 절망과 비관에 찬 에너지를 흡수하게 됩니다. 사실 우리가 흡수하는 많은 감각적인 음식들은 더 좋은 느낌이 들게 하기보다는 안 좋은 느낌이 들게 합니다. 자신이 뭔가 부족하다는 생각을 계속해서 하게 되고 더 나은 자신을 만들기 위해서 내면에 어떤 변화를 추구해야 한다든가 어떤 것을 사야 할 필요가 있다는 고민을 하게 하죠.

그러나 우리는 언제나 자신의 평화를 지키기 위해서 선택을 할 수 있습니다. 그것은 모든 감각의 창문을 항상 닫고 있어야 한다는 이야기가 아닙니다. 왜냐하면 소위 '바깥'이라고 불리는 세상에 수많은 기적이 있기 때문이죠. 이 기적을 향해 당신의 창문을 활짝 열어보세요. 그러나 알아차림의 상태로 그것들을 보아야 합니다. 맑게 흐르는 시냇물 옆에 앉아 있거나 아

고요의 힘

름다운 음악을 듣고 있거나 훌륭한 영화를 보고 있는 동안에도 자신을 전적으로 그 시냇물과 음악과 영화에 내맡기지 마세요. 자기 자신과 자신의 호흡을 늘 알아차리고 있어야 합니다. 알아차림이라는 태양이 당신을 비추고 있다면 어떤 위험도 피할 수 있습니다. 그 맑은 시냇물은 더 맑고 음악은 더욱 조화롭고 영화 속 배우들은 그 생생함이 더 완벽하게 다가올 것입니다.

자유의지

'자유의지'는 우리의 삶에 가장 우선이 되는 의도 또는 동기로 이는 세 번째 음식입니다. 이것은 우리를 먹여 살리고 목적을 갖게 합니다. 그러나 광고, 영화, 게임, 음악이든 또는 대화든 주변의 너무 많은 소음은 우리에게 이런 메시지를 전달합니다. 즉, 우리가 무엇을 해야 하는지, 어떤 모습으로 보여야만 하는지, 성공은 어떤 것이어야 하는지, 누구처럼 되어야만 하는지 등등. 이 모든 소음 때문에 진정한 나만의 욕망에는 주의를 기울이지 못하는 것입니다. 매일 살아가고 있지만 **나의 의**

도를 실현하기 위한 공간이나 고요함을 갖고 있지 못하죠.

만일 우리가 살아가는 데 필요한 어떤 목적이 없다면 그저 표류하면서 살아갈 수도 있습니다. 일 년에 딱 한 번 제가 만나는 어떤 사람들이 있습니다. 그들에게 작년에 무엇을 했는지 물으면 대부분의 사람이 기억을 못합니다. 가끔은 우리도 마치 안개 속에서 하루, 일주일, 한 달이 이런 식으로 지나가고 있는지도 모릅니다. 기억하지 못하는 채로. 이는 지나간 날들을 채웠던 우리의 의지를 알아차리지 못하고 있기 때문입니다. 어떤 땐 내면의 그 의도나 의지만이 하루하루를 버텨내게 하는 것처럼 보이기도 하죠.

걸어서 가게를 간다든가 친구에게 전화를 건다든가 그냥 한 발을 내딛는다든가 또는 일터로 간다든가 하는 모든 움직임은 우리의 의도나 동기가 있어야 가능합니다. 그것을 깨닫고 있든 아니든 말이죠. 시간은 매우 빠르게 지나갑니다. 그리고 어느 날 죽음이 눈앞에 다가왔다는 사실을 발견하고 몹시 놀랄 수도 있습니다. 그리고 사는 동안 무엇을 하면서 살았는지 모르겠다고 하는 자신을 마주하게 되죠. 아마도 우리는 화와 두려움과 부러움 속에서 인생의 모든 시간을 허비했는지도 모릅니다. 나는 정말 내가 원하는 것을 하고 있는 걸까? 나는 내가

고요의 힘

정말 원하는 것이 무엇인지 알고는 있는 걸까? 등 이런 질문을 던져 볼 시간이나 공간을 자신에게 주고 있지 않는 것입니다. 머릿속과 주변의 모든 소음은 내면의 '조용하고 작은 목소리'를 들리지 않게 합니다. 그저 '무엇'을 하느라 너무 바쁜 나머지 자신 안의 가장 깊은 곳에 있는 욕망을 헤아려 보고 진지하게 들여다볼 시간을 거의 갖지 못하는 것입니다.

자유의지는 엄청난 에너지원입니다. 그러나 모든 자유의지가 가슴에서부터 우러나오는 것은 아닙니다. 어떤 자유의지가 단지 엄청난 돈을 버는 것이거나 SNS 팔로우 수를 최고로 만드는 것이라면, 그것은 당신을 결코 만족스럽게 해 주지 못할 수도 있습니다. 많은 돈과 권력을 가진 사람들이 행복하진 않습니다. 그들은 심한 외로움을 느끼죠. 진정으로 자신의 삶을 살아갈 수 있는 시간조차 없습니다. 그 누구도 그들을 이해하지 못하고 그들 또한 그 어떤 이도 이해하지 못합니다.

인간으로 태어나 이 삶을 충만하게 누리기 위해,
우리는 자신의 욕망을 알아차리고 있어야 합니다.
자기 자신보다 더 큰 어떤 것을 깨닫기 위해서죠.
이는 우리의 머릿속을 꽉 채우고 있는 소음에서

벗어날 수 있도록
변화를 불러올 수 있는 충분한 동기가 될 수 있습니다.

　자신의 가장 깊은 곳에서 울리는 욕망의 목소리를 한번도 들어본 적 없이 우리는 내면과 외부의 소리에 귀를 기울이며 평생을 보낼 수도 있습니다. 그 욕망의 목소리를 듣기 위해 수도승이 되거나 순교자가 될 필요는 없습니다. 깊은 곳에서 들려오는 자신의 목소리를 듣기 위해 공간과 고요를 허락한다면, 당신 내면에 자리하고 있는 강력한 욕망을 발견하게 될 것입니다. 그것은 타인을 이롭게 하고 사랑과 자비를 건네면서 세상을 긍정적으로 변화시키고자 하는 창조적 욕망입니다. 당신의 직업이 무엇이든지— 회사를 경영하든지 음식을 나르고 있든지 다른 사람들을 가르치고 있든지 아니면 돌보고 있든지—, 당신의 목적과 일이 어떻게 욕망과 연결되어 있는지에 대한 단단하고 분명한 이해가 선행된다면, 이는 당신의 삶 속에서 강력한 기쁨의 원천이 될 수 있을 것입니다.

개인의식

우리는 여전히 정신적으로 아주 중요한 영향을 미치는 음식을 소비하고 있습니다. 외부와 내면의 소음들을 차단하면서 감각적으로 인지되는 것들을 절제하기 시작했음에도 불구하고 말이죠. 바로 자신의 의식입니다. 집단의식과 함께 이 개인의식은 몸과 마음이 섭취하는 음식의 네 번째 원천입니다.

우리가 이 의식을 '소비하는 중'이라면, 분명 의식의 어떤 부분에 집중하고 있을 때입니다. 먹는 음식처럼 소비하고 있는 의식은 건강하고 유익한 것일 수도 있고 반대로 독성이 있을 수도 있습니다. 예를 들어 고통스럽고 분노에 찬 생각을 계속 반복해서 하게 되면 당신은 독성이 있는 의식을 소비하고 있는 것입니다. 그러나 만일 오늘 하루가 얼마나 아름다운지를 발견하거나 나와 이웃한 사람들의 사랑과 건강에 감사함을 느끼고 있다면 당신은 건전한 의식을 소비하고 있는 것입니다.

우리는 모두 사랑하고 용서하고 이해하고 자비로울 수 있는 능력을 갖추고 있습니다. 당신 의식의 내면에 있는 이런 요소들을 어떻게 키우고 성숙하게 만들 수 있을지 그 방법을 안다면, 당신은 이 건전한 의식으로 인해 삶의 경이로움을 매 순간 느끼고 주변의 모든 사람을 이롭게 할 수 있게 됩니다. 한편, 우리들의 의식에는 또한 강박과 걱정, 절망, 외로움 그리고 자기연민이 자리하고 있습니다. 만일 당신이 이런 부정적인 의식 속 요소들을 자라게 하는 감각적 음식을 소비한다면, 화와 절망 또는 시기심은 더 큰 에너지가 되어 당신 의식 속에 머물 것입니다. 자극적인 흥미 위주의 기사가 가득한 타블로이드 신문을 읽거나 폭력적인 전자 게임을 한다거나 온라인에서 다른 이들의 행적을 검색하면서 부러워한다거나 조잡하고 아무 의미 없는 말만 무성한 대화에 빠져 있다거나 하는 것들이 이에 해당하겠죠. 사실 당신은 건강하지 않은 음식들을 마음속에서 계속 만들어서 소비하고 있습니다. 심지어 독서나 게임을 하고 난 이후에도 마음속에선 끊임없이, 수 시간 아니 수일 동안 아니면 수 주 동안 그 독성 요소들을 되새김질하며 소비할 수도 있습니다. 왜냐하면 그 독은 당신 의식 안에 있는 부정적인 씨앗들에게 열심히 물을 주고 있기 때문이죠.

독미나리hemlock와 독초belladonna 같은 식물들은 당신을 병들게 합니다. 만일 이것들을 먹는다면 병이 나고 고통스럽겠죠. 사람들은 보통 자신들의 정원에 이런 식물들을 일부러 키우진 않습니다. 마찬가지로 독성 요소를 제공하고 고통스럽게

고요의 힘

하는 씨앗보다는 건강한 자양분이 될 씨앗들을 당신의 의식 속에서 키울 수 있는 선택, 바로 당신이 할 수 있습니다.

우리는 의식을 하든 그렇지 않든 마음속 한가지 또는 다양한 씨앗들에게 끊임없이 물을 주고 있습니다. 이것들은 틀림없이 나중에 다시 소비하게 될 것들이죠. 무의식적으로 물을 주고 소비하고 있는 것들은 꿈속에서 제 모습을 보여주기도 합니다. 우리가 대화할 때 무심결에 튀어나온 어떤 말로 드러나기도 해서 놀라기도 합니다. "도대체 **이 말**이 어디서 나온 거야?" 우리는 자신과 주변에 해를 입힐 수도 있습니다. 마음속에서 자신을 받아들이고 성장시키는 것에 주의를 기울이지 않을 때 말이죠.

집단의식

개인의식과 함께 우리는 또한 집단의식을 흡수합니다. 인터넷이 수많은 개인들의 사이트로 구성된 것처럼, 집단의식도 수많은 개인의식으로 구성되어 있습니다. 그리고 각각의 개인의식은 집단의식의 모든 요소를 내포하고 있습니다. 집단의식은 파괴적일 수 있습니다. 성난 군중들의 폭력이나 또는 더 미묘하게 늘 비판적이고 비방만 일삼는 사람들의 적대감 같은 것들이 이에 해당하죠. 다른 한편으로는 개인의식처럼 집단의식도 치유될 수 있습니다. 가령 당신이 사랑하는 친구들이나 가족과 함께 있다거나 아니면, 낯선 타인들과 음악을 듣거나 예술작품을 보거나 자연 속에 함께 있을 때 서로 공감하고 감사하는 상황 속에서 치유가 일어날 수도 있는 것입니다. 이해한다는 것과 사랑하는 것에 온 마음을 기울이는 사람들과 함께 있을 때, 우리는 그들의 현존으로 인해 성숙해지고 이해와 사랑의 씨앗에 스스로 물을 주게 됩니다. 반대로 비방과 불평, 그리고 끊임없이 비판적인 사람들과 함께 있으면 우리는 그 독성 요소들을 흡수하게 되는 것이죠.

　나는 음악을 하는 친구가 하나 있습니다. 그는 젊었을 때 캘리포니아로 이민을 왔고 그리고 나이가 들어서 고향 베트남으로 다시 돌아갔습니다. 사람들은 그에게 왜 고향으로 돌아왔느냐고 묻습니다. "당신은 캘리포니아에서 원하는 것은 무엇이든지 먹을 수 있었고, 좋아하는 것은 무엇이든지 할 수 있었고, 훌륭한 병원도 가까이에 있었습니다." "원하는 악기는 무엇이든지 살 수 있었고, 그리고 당신은 모든 것을 가졌습니다. 그런데 왜 베트남으로 돌아왔습니까?" 그는 대답했습니다. 캘리포니아에서 자신은 증오와 화로 가득 찬 국외자들로 둘러싸여 있었고, 그들이 자신을 방문할 때마다 분노라는 독으로 자신을 죽였다고 말이죠. 얼마 남지 않은 이생의 소중한 시간을 그런 분노와 비통함으로 가득 찬 냉소를 받아들이면서 살고 싶지 않았다고 말했습니다. 그래서 더 행복하고 서로 더 보살피고 배려하는 공동체에서 살고 싶어서 그런 곳을 찾았다고 했습니다.

우리가 폭력과 두려움, 화와 절망에 가득 찬 이웃과 함께 산다면, 설령 원치 않더라도 화와 두려움에서 올라오는 집단적 에너지를 소비하게 됩니다. 매우 소란스럽고 경적 소리를 요란하게 내며 경보음으로 시끄럽게 하는 이웃과 같이 산다면, 우리는 그 부정적 에너지와 불안을 소비하는 것이죠. 만일 그 상황이 어찌해 볼 도리가 없어 할 수 없이 그런 이웃들과 살아야만 하는 것이 아니라면, 대신에 조용하고 서로 도우며 힘을 주는 이웃을 우리는 선택할 수도 있습니다. 그리고 심지어 주변의 소음 안에서도 고요한 오아시스를 만들 수 있어요. 우리는 긍정적인 변화의 중재자가 될 수 있습니다.

일상의 기쁨을 경작하기 위하여 더욱 고요해지고 더 텅 빈 공간을 당신의 삶에 가져오는 방법에 대해 생각하기 시작했다면, 이것만은 기억하세요. 결코 혼자서 이 경작을 할 수 없다는 것을요. 당신을 지지하고 공감해 주는 환경이 만들어졌을 때 고요함을 자리 잡게 하고 그 진가를 인정하게 되는 것이 훨씬 더 쉬워집니다. 지금보다 더 조용하고 평화로운 물리적 환경을 만들 수 없다면, 안정적이고 자비로운 집단 에너지를 키우고 있는 사람들과 최대한 함께 해보세요. 의식적으로 무엇을, 누구를 당신 주변에 가까이 하고 함께 할지 선택하는 것은, 기쁜 삶을 위해 더 여유로운 공간을 찾는 열쇠 중 하나입니다.

마음에 자양분을 주다

외롭고 불안함을 느낄 때, 우리는 보통 기분 전환을 위한 어
떤 것을 찾습니다. 그런데 그것이 건강하지 못한 종류의 소비
를 하도록 유도하죠. 배고프지 않아도 과자를 먹는다거나 아
무 생각 없이 인터넷 서핑을 한다거나 차를 몰고 나간다거나
아니면 책을 읽는다거나 하는 것들이 있죠. 마음챙김 상태에
서 의식적으로 호흡을 하는 것이 몸과 마음에 가장 좋은 영양
제입니다. 한 번이나 두 번의 마음챙김 호흡으로 아마도 당신
은 자신을 가득 채우고 있거나 산란하게 하는 어떤 욕망이 조
금은 덜어지는 느낌을 받을 수도 있습니다. 몸과 마음은 하나
가 되어 돌아오고 마음챙김과 호흡을 자양분으로 성장하고 성
숙해집니다. 당신의 호흡은 자연스럽게 더욱 편안해지고 몸의
긴장이 풀리도록 돕는 역할을 하죠.

의식적인 호흡으로 돌아온다는 것은, 당신이 진정한 휴식,

자양분이 가득한 휴식을 할 수 있게 되었다는 것을 의미합니다. 이는 또한 마음챙김이 더 강해지도록 하고 그래서 자신의 불안이나 다른 감정들을 주의 깊게 들여다보고자 할 때 안정적이면서 집중적으로 그렇게 할 수 있도록 이끌어 줍니다.

명상을 인도하는 것은 붓다의 시대 이래로 계속 실행되어 왔습니다. 당신이 앉아 있거나 걸을 때 다음의 수행을 실행에 옮겨 보세요. 앉아서 명상할 때는 편안한 자세로 등은 곧게 세우고 긴장하지 않는 것이 중요합니다. 두 다리를 서로 포갠 채로 쿠션 위에 앉거나 두 발을 바닥에 놓고 의자 위에 앉아도 됩니다. 첫 번째 들숨을 쉴 때, 아래에 있는 명상의 첫 번째 줄을 자신에게 속삭여보세요. 그리고 날숨을 쉴 때는 두 번째 줄을 조용히 말해보세요. 그리고 들숨과 날숨을 계속 쉬면서, 들이쉬고In, 내쉬고Out만 반복해서 말해도 됩니다.

숨을 들이쉬며, 나는 내가 숨을 들이쉬고 있음을 압니다.
숨을 내쉬며, 나는 내가 숨을 내쉬고 있음을 압니다.
(들이쉬고. 내쉬고.)

숨을 들이쉬며, 나의 호흡은 깊어집니다.

숨을 내쉬며, 나의 호흡은 느려집니다.

(깊다. 느리다.)

숨을 들이쉬며, 나는 나의 몸을 알아차립니다.

숨을 내쉬며, 나는 나의 몸을 진정시킵니다.

(몸을 알아차리고. 진정시키고.)

숨을 들이쉬며, 나는 미소 짓습니다.

숨을 내쉬며, 나는 이완됩니다.

(미소 짓고. 이완하고.)

숨을 들이쉬며, 나는 현재에 삽니다.

숨을 내쉬며, 나는 현재를 즐깁니다.

(현재. 즐기다.)

당신이 그저 조용하게 단 몇 분 정도 앉을 수 있는 마음을 내다면, 이것은 습관적으로 올라오는 생각을 그냥 지나가게 놓을 수 있는 수행을 이미 시작한 것입니다. 조용하게 앉아서 당신의 생각이 어떻게 몰려다니는지 주의 깊게 관찰하고, 되새김질하지 않고, 오면 오는 대로, 가면 가는 대로 놔두세요. 호흡과 내면의 고요함에 집중하면서.

2

생각을 멈추지 않는 라디오

우리는 다른 사람들과 말하지 않고 책이나 다른 것을 읽지 않고 라디오를 듣지 않고 티브이를 보지 않고 온라인을 실행하고 있지 않더라도, 대부분 안정감을 느끼거나 고요한 상태로 있지 못합니다. 왜냐하면 자기 **내면**에 있는 라디오 방송에 귀를 기울이고 있기 때문이죠. 여기는 생각을 멈추지 않는Non Stop Thingink, NST 라디오 방송국입니다.

심지어 외부의 어떤 자극도 없이 조용히 앉아 있을 때조차도, 우리의 머릿속에서 끊임없는 내면의 이야기가 계속되고 있습니다. 자기 생각을 계속해서 소비하고 있는 것이죠. 소나 염소, 물소들은 음식을 씹고 삼키고 그러고 나서 되새김질하면서 수없이 다시 씹고 또 씹고 합니다. 우리는 소나 물소가 아니지만 생각을 곱씹으며 되새기는 것은 똑같습니다. 불행하게도 부정적인 생각들을 먼저 떠올리고 되새기죠. 그 생각들을 먹고 다시 불러와서 씹고 또 씹고 하는 것입니다, 소가 그러는 것처럼.

라디오를 끄는 법을 배워야만 합니다. 이런 식으로 의식을 소비하는 것은 우리 건강에 좋지 않습니다. 내가 살고 있는 프랑스 플럼 빌리지, 수행 센터에서는 입으로 먹는 음식만큼이나 감각적으로 받아들이는 감각 음식의 소비에 대해서 마음챙김을 하는 수행에 집중합니다. 술을 마시지 않고 고기를 먹지 않는 것을 선택하는 것뿐만이 아니라 먹을 때나 마실 때, 설거지할 때 또는 다른 활동을 할 때 가능하면 최소한으로 말하고 생각하기 위해서 우리는 최선을 다합니다. 가령, 걷고 있을 때 동시에 많은 말을 한다거나 생각을 하면 그 대화나 생각에 빠져버리고, 결국 과거나 미래, 또는 걱정이나 계획 등으로 길을 잃어버리게 됩니다. 사람들은 이런 식으로 쉽게 자신의 온 삶을 허비하며 지냅니다. 이 얼마나 끔찍한 낭비인가요! 이렇게 사는 것보다는 우리에게 주어진 삶을, 이 순간순간들을 정말로 **살아야** 합니다. 진정으로 살아갈 수 있기 위하여 내면의 라디오 방송을, 내면의 이야기를 멈춰야만 합니다.

내면의 이야기들에 온통 자신의 관심을 다 쏟는다면, 어떻게 자신의 한 걸음, 한 걸음을 느끼고 즐길 수 있을까요? 중요한 것은 자신이 무엇을 생각하는지가 아니라 무엇을 느끼는지를 알아야 한다는 것입니다. 땅 위에 발을 딛고 있을 때, 우리의 발이 이 땅과 연결되어 있다는 것을 느낄 수 있어야 합니다. 이렇게 할 때, 단지 걸을 수 있다는 것만으로도 큰 기쁨을 느끼게 됩니다. 걸을 때는 온몸과 마음을 발걸음에 모두 모으고 완전하게 집중하여 매 순간순간이 소중한 삶의 순간들임을 알아차려야 합니다.

땅에 발을 딛고 연결되어 있음에 집중하면서 우리는 생각에 끌려다니는 것을 멈추고 완전히 다른 방법으로 몸과 주변 환경을 경험하기 시작합니다. 우리의 몸이 얼마나 경이로운지! 몸의 기능은 수백만 개 과정들의 결과물입니다. 오직 끊임없이 일어나는 생각들을 멈추고, 우리의 몸과 대지 그리고 하늘이 주는 경이로움에 접속된 상태로, 그대로 존재할 수 있는 마음 챙김과 집중만 있다면 우리는 이 모든 것에 완전히 감사할 수 있게 됩니다.

생각하는 것이 언제나 나쁘다는 것은 아닙니다. 생각한다는 것은 매우 생산적일 수도 있습니다. 생각은 대개 우리의 느낌과 인식의 결과물입니다. 그래서 어떤 종류의 열매로 보일 수도 있죠. 사실 열매는 대부분 영양분이 풍부합니다. 그러나 어떤 것들은 전혀 아닐 수도 있어요. 만일 우리가 걱정과 두려움, 괴로움이 많다면, 이것은 완벽하게 쓸모없고 비생산적이며 해로운 생각들을 하는데 매우 기름진 땅을 제공하게 됩니다.

우리는 우리의 생각입니다. 그러나 동시에 단지 그 생각보다 훨씬 더 그 이상인 존재입니다. 또한 우리는 우리의 느낌이고 인식이며 지혜이고 행복입니다. 그리고 사랑이죠. 자신이 매여 있는 생각보다 그 이상인 존재임을 알 때, 우리는 결코 그 생각들이 자기를 점령하고 지배하게끔 허락하지 않겠노라는 결단을 내릴 수 있습니다. 생각이 삶의 진정한 목적을 받쳐줄까요? 만일 아니라면 '새로고침reset' 버튼을 눌러야 합니다. 매 순간 일어나는 생각을 알아차리지 못한다면, 그것들은 우리의 마음에 무성하게 자라나 완전히 점령하게 될 것입니다. 생각이라는 녀석들은 절대로 초대받을 때까지 기다리지 않습니다.

부정적인 생각의 습관

불교 심리학은 우리의 마음이 최소한 두 가지 영역으로 되어있다고 증명해 보입니다. '저장식Store consciousness'은 마음의 아랫부분입니다. 여기에는 우리 내면의 생각과 감정의 모든 씨앗이 저장되어 있습니다. 모든 종류의 씨앗들이 이곳에 있습니다. 사랑, 믿음, 용서, 기쁨 그리고 행복이라는 씨앗, 또한 고통의 씨앗들도 있죠. 화, 원한, 증오, 차별, 두려움, 불안 등등. 선조들의 모든 재능이나 단점은 부모에 의해 우리에게 전달되었고, 그것들은 씨앗의 형태로 우리들의 의식 깊은 곳에 살고 있습니다.

저장식은 집 안의 지하실 같은 것입니다. 반면에 '의식Mind consciousness'은 마음의 윗부분에 해당하고 마치 집 안의 거실 같은 것입니다. 지하실에 저장 되어있는 씨앗은 어떤 것에 자극받을 때마다 ― 우리는 흔히 '물을 준다'라고 말하는데 ― 의식의 층위로 올라와서 자신을 드러냅니다. 더 이상 지하실에서 겨울잠을 자는 씨앗이 아니고 이젠 정신 작용이라고 불리는 에너지 영역으로 올라온 것이죠. 그것이 알아차림이나 자비처럼 건강한 씨앗이라면, 우리는 이것들과 동행하는 것을 즐길 수 있습니다. 그러나 건강하지 못한 씨앗이 자극받았다면, 이것은 초대받지 않은 손님처럼 우리의 거실을 장악해 버릴 것입니다.

예를 들어, 우리가 티브이를 보는 동안에는 갈애의 씨앗이 자극을 받고 의식의 층위로 올라와 갈애의 에너지가 되어 자신을 드러냅니다. 또 다른 예도 있습니다. 화의 씨앗이 심층 깊은 곳에서 겨울잠을 자고 있을 때, 우리는 행복과 기쁨을 느낍니다. 그러나 누군가가 이 화의 씨앗에 물을 주는 어떤 행동이나 말을 한다면, 그것은 의식의 층위에서 화의 에너지 영역으로서 존재감을 드러낼 것입니다.

우리는 일상의 삶에서 건강한 씨앗들이 드러날 수 있도록 꾸준히 물을 주고 키우는 수행을 합니다. 그리고 증오나 갈애의 씨앗에는 물을 **주지 않는** 수행도 합니다. 불교에서 이것은 '정진精進'이라고 불립니다. 플럼 빌리지에서 우리는 '선택적 물 주기'라고 부릅니다. 가령, 폭력과 혐오의 씨앗들이 저장식에 조용히 움직이지 않고 가만히 있을 때, 우리는 문제없이 잘살고 있다는 어떤 느낌이 들게 됩니다. 그러나 자신의 의식을 다루고 돌보는 방법을 모른다면, 이 씨앗들은 동면의 상태로 계속 남아있지 않을 것이고 물을 주면 드러날 것입니다. 의식의 층위에 건강하지 못한 씨앗이 드러날 때 그것을 알아차리는 것은 중요한 일입니다. 또한 그 씨앗 혼자 거기에 남아있지 않도록 하는 것도 중요합니다. 불쾌한 생각과 감정과 느낌이 올라올 때마다 알아차려 보세요. 이는 마음챙김이 작용하여 부정적인 정신 작용을 알아보고 품 안에 안고 진정시켜 주기 위함입니다. 그러면 당신은 그 부정적인 생각들을 깊이 들여다볼 수 있고 그것의 근원을 이해하게 됩니다.

우리는 대부분 자기 내면에 실제로 화와 고통을 지니고 있습니다. 아마도 과거에 오랜 시간 억압당했거나 심지어 학대받았을 수도 있습니다. 그 모든 아픔이 여전히 거기 그대로 있는 것이죠. 저장식에 묻힌 채로. 자신과 과거의 관계를 잘 다루지 못했고 변화시키지도 못한 채로 그 모든 화와 증오심, 절망과 고통을 안은 채로 홀로 앉아 있는 것입니다. 만일 자신이 어린 시절 학대를 받았거나 힘든 시간을 보냈다면, 그 생각이 떠오르는 순간마다 고통스러운 똑같은 경험을 반복해서 하는 것이 됩니다. 스스로를 되풀이해서 마치 제물을 바치듯 그 시간으로 데려가는 것이죠. 이것은 의식 속 독성 요소를 되새김질하며 음미하는 것과 같습니다.

아마도 우리들의 어린 시절은 힘든 순간도 있었겠지만 못지 않게 행복한 순간도 있었을 것입니다. 그런데도 끊임없이 절망이나 다른 불행했던 시간을 곱씹으며 몸과 마음의 건강을 해치고 있습니다. "사랑하는 친구여, 이젠 더 이상 과거를 생각하지 말아요." 라고 말하는 친구들이 주변에 있는 그런 좋은 환경에서 당신이 살고 있다면 많은 도움이 될 것입니다. "무슨 생각을 하고 있어요?", "뭘 그리 골똘히 생각하고 있어요? 오래전 고통이요?" 우리는 부정적인 생각의 습관을 깨기 위하여, 자신의 주변과 내면에 자리하고 있는 모든 경이로움과 접속하기 위하여 현재로 돌아올 수 있도록 서로 도울 수 있습니다. 과거에 있었던 고통과 절망스런 괴물들의 부활을 위해 헛발을 딛지 않도록 서로 도울 수 있습니다.

세상 속으로 향하는 생각들

우리는 종종 돌고 도는 생각에 빠져 삶의 기쁨을 모두 잃어버리기도 합니다. 그 생각들의 대부분은 단지 이롭지 않을 뿐 아니라 사실은 해롭기도 합니다. 그저 어떤 것을 생각만 했을 뿐이지 해를 일으키지는 않았다고 믿을 수도 있습니다. 그러나 사실은 우리의 마음에서 올라온 그 생각들이 또한 세상을 향해 나갑니다. 한 개의 양초가 불을 밝히고 열기와 향을 발산하듯이 생각은 다양한 방식으로 자신을 드러냅니다. 우리의 말과 행동도 그중 하나죠.

우리의 생각과 견해에 의해
삶은 계속됩니다.
이것들은 매 순간 우리가
잉태하고 낳는 아이들입니다.

주변의 누군가가 기분이 나쁘거나 부정적인 생각에 휘말려 있을 때, 우리는 그것을 감지할 수 있습니다. 자신에 대해서든 세상에 대해서든 과거나 미래에 대해서든 어떤 생각이든 골똘히 할 때마다 그 생각을 근거로 사고와 견해를 방출합니다. 우리는 생각하고, 생각은 견해와 느낌의 기운을 실어 나릅니다.

부정적인 생각과 근심, 걱정에 휩싸여 있으면 오해하고 불안에 빠지기 쉽습니다. 생각을 멈추고 마음을 진정시키면 그 자리에 더 큰 공간을 만들고 모든 문을 활짝 열게 됩니다.

그래서 우리는 선택합니다. **당신은** 선택합니다. 당신의 생각이 자신과 세상을 더, 또는 덜 고통스럽게 만들 수 있습니다. 만일 직장이나 공동체에서 더 조화로운 분위기 속에서 연대감을 느끼기를 원한다면, 절대로 다른 사람을 변하게 하려는 시도를 먼저 하지 마세요. 당신이 먼저입니다. 그러면 마음속 내면을 들여다보게 되고 자신에 대해서 더 많이 알게 됩니다. 자신의 고통을 알게 되고 이해하게 됩니다. 당신의 수행이 굳건하고 자신을 충분히 잘 알게 되었다면, 직장이나 공동체에 고요와 주의 깊은 관찰, 이해, 그리고 자비를 가져오기 위해 내면에 더 큰 공간을 만들 방법을 깊이 숙고할 힘이 생깁니다.

마음챙김은 주의를 기울이는 것을 의미합니다

생각하지 않는다는 것은 하나의 예술입니다. 그리고 여느 예술처럼 인내와 훈련이 필요하죠. 당신의 주의를 기울이고 몸과 마음을 함께 단 열 번의 호흡으로 가져오는 집중은 처음엔 어렵습니다. 그러나 꾸준한 수행을 하다 보면, 지금, 이 순간에 존재할 수 있는 능력을 되찾고 단지 **존재한다**는 것을 알게 됩니다.

조용하게 단 몇 분 정도 앉을 수 있는 마음을 낸다면, 이것은 습관적으로 올라오는 생각을 그냥 지나가게 놓을 수 있는 수행을 시작하기 위한 가장 쉬운 방법이 됩니다. 조용하게 앉아서 당신의 생각이 어떻게 몰려다니는지 주의 깊게 관찰하고, 더는 그것들을 되새김질하지 않고 오면 오는 대로, 가면 가는 대로 놔두는 겁니다. 호흡과 내면의 고요함에 집중하면서요.

조용하게 앉아 있는 것을 좋아하지 않는 사람들이 있습니다. 그들은 조용하게 앉아 있는 것 자체를 더 고통스러워합니다. 내가 아는 한 여성은 절대로 명상은 하지 않겠노라고 결심했습니다. 왜냐하면 명상이 '효과가 없었기' 때문이죠. 그래서 그녀에게 함께 걸어보자고 제안했습니다. 나는 '걷기 명상'이라는 이름을 따로 붙이지 않고 천천히 걸었고, 알아차림 속에서 신선한 공기와 땅 위를 걷는 두 발의 느낌을 즐기면서 그저 함께 걸었습니다. 출발점으로 다시 돌아왔을 때 그녀의 두 눈은 밝아져 있었고 왠지 맑고 생기를 되찾은 듯했습니다.

당신의 몸과 느낌, 인식을 이런 방식으로

안정시키기 위해서 단 몇 분만

자신에게 내어 줄 수 있다면,

기쁨은 당신의 것이 됩니다. 진정한 고요의
기쁨은 매일의 치유를 위한 음식이
될 것입니다.

걷기는 수고할 필요 없이 마음을 정화하는 아주 훌륭한 방법입니다. "이제 나는 명상 수행을 할 것입니다!", 또는 "이제 나는 생각을 하지 않을 것입니다!"라고 말하지 않아도 됩니다. 그저 걷고, 걷는 것에 집중하는 동안 기쁨과 알아차림은 자연스럽게 당신에게 찾아옵니다.

걷는 동안 당신의 발걸음 모두를 진정으로 즐기기 위해서 어떤 걱정이든 또는 계획이든 마음이 완전히 놓아버리게 하세요. 생각을 멈추기 위해서 많은 시간을 들이고 노력할 필요가 없습니다. 한 번의 들숨을 알아차리고 쉴 수 있다면, 당신은 이미 멈춘 것입니다. 숨을 들이쉬고, 발걸음을 옮깁니다. 그 들숨으로 당신은 정신의 기계를 멈출 수 있는 시간, 2초 내지 3초를 확보합니다. 만일 생각을 멈추지 않는 라디오가 요란한 소리를 내고 있다면, 이 정신없이 빙빙 돌며 확산하는 에너지가 당신을 휩쓸어 가지 않도록 주의해야 합니다, 토네이도처럼. 우리에게 이것은 늘 있는 일입니다. 삶을 살아가기보다는 매일매일 반복적으로 우리는 자신을 휩쓸려 가게 하고 있습니다. 마음챙김 수행으로 당신은 지금, 이 순간 현실에 굳건하게 발을 딛고 머무를 수 있습니다. 그곳에서 삶과 삶의 모든 경이로움은 실제가 되고, 당신에게 소용이 있는 것이 됩니다.

처음에는 시간이 좀 더 필요할 수도 있습니다. 아마도 당신의 생각을 내려놓기 전에는 마음챙김 호흡에 10초에서 20초 정도가 걸릴 수도 있습니다. 숨을 들이쉬며 한 걸음 내딛고 숨을 내쉬며 다시 한 걸음 내딛습니다. 집중이 흐트러지면 당신의 호흡에 주의를 되돌려 부드럽게 다시 집중합니다.

10초나 20초는 짧은 시간이 아닙니다. 하나의 신경 자극, 하나의 행동 가능성에 필요한 시간은 단 1,000분의 1초입니다(Millisecond, 밀리초). 자신에게 20초를 주는 것은 제멋대로 달려가는 생각이라는 기차를 멈추기 위해 20,000밀리초를 주는 것입니다. 당신이 원한다면, 더 많은 시간을 자신에게 주어도 괜찮습니다.

이 짧은 시간 안에서 당신은 지복과 기쁨, 멈춤의 행복을 경험할 수 있습니다. 그 멈춤의 시간 동안, 당신의 몸은 자신을 치유할 수 있습니다. 마음 또한 자신을 치유할 수 있는 능력을 갖게 됩니다. 잠깐의 걷기와 호흡으로 당신이 얻은 기쁨을 그 누구도 무엇도 방해할 수 없습니다. 한 걸음, 한 걸음 그리고 호흡은 언제나 당신이 자신을 치유하도록 늘 그 자리에 있습니다.

당신은 걸으면서 자신의 마음을 보기도 합니다. 뿌리 깊고 오래된 화나 갈망이라는 습관의 에너지가 마음을 쥐락펴락하며 제멋대로 하는 것을 보는 것이죠. 이런 종류의 에너지는 사실 당신이 무엇을 하고 있든지 **언제나** 당신을 밀어낼 수 있습니다. 심지어 잠을 잘 때도. 마음챙김은 바로 이 습관의 에너지를 알아봅니다. 그것을 알아보면서 그저 미소 짓지요. 그리고 그 습관의 에너지에게 마음챙김이라는, 따뜻하고 거대한 고요라는 기분 좋은 목욕을 선사합니다. 이런 수행으로 당신은 부정적인 습관의 에너지를 내려놓을 수 있는 능력을 갖게 됩니다. 걷는 동안이나 누워있는 동안에도, 설거지하거나 양치질하는 동안에도 이 넓고 따뜻한 고요함으로 자신을 안을 수 있는 수행을 늘 할 수 있습니다.

고요함은 단지 말을 하지 않는 것을 의미하는 것이 아닙니다. 우리가 경험하는 소음 대부분은 내면에서 바쁘게 떠드는 것입니다. 생각하고 다시 생각하고 원을 그리며 빙빙 돌고 있죠. 그래서 식사할 때, 머릿속에 가득 찬 생각을 먹는 것이 아니라 음식을 먹는다는 것을 자신에게 상기시킬 필요가 있습니

고요의 힘

다. 우리는 먹는 것 그 자체에 오로지 집중하는 수행을 합니다. 거기에는 어떤 생각도 없습니다. 우리의 알아차림을 음식과 주변의 사람들에게 가져올 뿐입니다.

이것은 생각을 절대로 하면 안 된다거나 억눌러야 한다는 것이 아닙니다. 걸으면서 호흡과 발걸음에 집중하는 것으로 생각에서 벗어나는 선물을 자신에게 준다는 의미입니다. 만일 우리가 어떤 것에 대해서 정말로 곰곰이 생각해야 할 필요가 있다면, 걷는 것을 멈추고 모든 주의를 기울여 그 문제를 생각합니다.

알아차림의 호흡과 걷기는 일상에 있는 삶의 기적들과 우리가 서로 접속할 수 있게 하고, 그러면서 서서히 강박적인 생각들은 자연스럽게 흩어져 사라지게 됩니다. 우리가 누릴 수 있는 경이로움을 더 많이 알게 될 때 행복은 다가옵니다. 하늘 높이 보름달이 둥실 떠 있는데 어떤 것에 대해 생각하기 바쁘다면, 보름달은 사라집니다. 그러나 달에 집중한다면 생각은 자연스럽게 멈추게 됩니다. 그러니 자신을 나무라거나 강요할 필요는 없어요. 그리고 생각하는 것을 강제로 중단할 이유도 없습니다.

말하지 않는 것 그 자체로, 이미 의미 있는 평화를

얻을 수 있습니다. 또한 우리가 생각을 멈춤으로 인해

더 깊은 고요를 자신에게 선사할 수 있다면,

그 고요 속에서,

놀라운 가벼움과 자유를 발견하게 될 것입니다.

자기 생각으로부터 지금 정말로 무슨 일이 일어나고 있는지
로 주의를 바꾸는 것은 기본적인 마음챙김 수행입니다. 우리
는 이것을 언제든지, 어디서나 할 수 있고 더 큰 기쁨을 누릴
수 있습니다. 요리할 때나 일할 때, 양치질할 때나 빨래할 때,
또는 밥을 먹을 때, 우리는 생각과 말이 잠시 사라진 이 신선
한 고요함을 느낄 수 있습니다.

마음챙김의 진정한 수행은 앉아서 명상한다든가 수행의 외
적인 모양새를 요구하지 않습니다. 그것은 깊이 바라보고 내면
의 고요를 발견하는 것입니다. 만일 우리가 그렇게 할 수 없다
면, 폭력과 두려움, 비겁 그리고 증오의 힘을 스스로 돌보지 못
할 것입니다.

우리의 마음이 질주하고 소란스러울 때, 눈에 보이는 평온함
은 그저 가식입니다. 그러나 내면의 평온함과 텅 빈 공간을 발

고요의 힘

견한다면, 우리는 어떤 노력 없이도 평화와 기쁨의 빛을 발산할 것입니다. 단 한마디의 말 없이도, 우리는 타인을 돕고 더 치유적인 환경을 만들어 낼 수 있습니다.

꿈을 실현하는 공간

가끔 우리는 거대한, 그러나 허망한 꿈으로 자신을 얽어맵니다. 왜냐하면 하루를 살아가는 것이 너무 바쁘고 정신없어서, 사실은 가장 깊고 진실한 욕망을 따라서 살아갈 수 있다는 것을 믿지 못하는 것이죠. 그러나 진실은 우리의 일상, 바로 거기에 있습니다. 모든 호흡과 발걸음은 진정한 꿈이 실현되도록 하는 구체적인 실천이 될 수 있습니다. 대신에 우리가, 모든 것이 이보다 더 좋을 수 없다는 마음으로 자신을 설득시키면서 사람들이 파는 조립식 꿈을 좇는다면, 살아가기 위해 그리고 사랑하기 위해 우리에게 주어진 소중한 시간을 희생하는 것이 됩니다. 아무 의미 없는 허무한 야망을 위해서요. 아마도 그 모든 것들을 위해 삶 전부를 팔 수도 있겠죠.

많은 사람이 노년이나 죽음을 눈앞에 두고 이런 사실에 대해 슬픈 자각을 하게 됩니다. 그들은 일과 스트레스로 점철된 수십 년 세월에 대해서 무엇을 말해야 할지 갑자기 의아해집니다. 자신들이 추구했던 부와 명성을 손에 쥐었다고 말할 때, 이는 아마도 그들 자신이 성공의 희생자가 되었음을 말하는 것일 수도 있습니다. 사랑하는 사람들과 손을 잡고 삶을 만끽할 시간과 공간을 한번도 가져보지 못한 채 말이죠. 그저 자신들이 얻은 지위를 꼭 잡고 놓지 않기 위해서 매일 뛰고 또 뛰어야만 했을 것입니다.

그러나 그 누구도 자기 행복을 위해서 희생자가 된 적은 없습니다. 당신이 자신의 우선순위를 행복의 길을 가는 것으로 정할 때, 더 성공적으로 일하고 있는 자신을 발견하기도 합니다. 사람들이 종종 더 행복하고 평온하다고 느낄 때, 작업의 질이 향상되는 것이 이런 경우입니다. 그러나 당신은 결정해야만 합니다. 무엇이 정말로 자신의 가장 큰 열망인지를. 사업과 경력에서 더 성공하기 위하여 마음챙김 수행을 하겠다는 사람들이 있습니다. 삶이 더 행복해지거나 다른 사람들을 돕기 위해서가 아니고요. 많은 사람이 제게 물었습니다. "돈을 더 많이 벌기 위해서 마음챙김 수행을 이용할 수 있을까요?"

만일 당신이 진정으로 마음챙김 수행을 원한다면, 결코 다

고요의 힘

른 사람에게 해가 되어서는 안 됩니다. 마음챙김 수행이 더 큰 자비심을 가져오지 못한다면, 이것은 올바른 수행이 아닙니다. 당신의 꿈이 실현되지 않을 것이라고 느낀다면, 아마도 당신은 더 많은 일을 해야 하고, 헤아려 봐야 하고, 전략을 짜야 할 것입니다. 그러나 사실은 더가 아니고 덜입니다. 내면과 외부의 소음이 더 줄어들고, 그래서 당신의 가슴 속 진짜 의도, 싹을 틔우고 풍성하게 만들고 싶은 그것을 위하여 더 큰 공간을 가져야 하는 것입니다.

멈추기 그리고 내려놓기

멈추기는 몸과 마음을 지금, 여기로 되돌려 놓는 수행입니다. 단지 멈추는 것 하나로 당신은 안정과 집중을 실행할 수 있으며, 삶을 마주할 수 있습니다.

조용히 앉아 있거나 몸과 마음의 움직임을 멈추거나 내면을 조용하게 하면서 더 단단하고 집중적인 상태가 되며, 마음은 더 맑아집니다. 그러면 당신의 내면과 주변에서 무슨 일이 일어나고 있는지를 알아차리는 것이 가능해집니다.

먼저 급하게 또는 바쁘게 움직이는 몸을 멈춰보세요. 몸의 움직임이 멈출 때, 자신의 호흡 외에는 어떤 움직임에도 주의를 기울일 필요가 없을 때, 마음이 습관적으로 급하게 내달리는 것을 멈추는 것은 훨씬 쉬워집니다. 물론 일정한 시간과 수련이 필요한 것이지만요.

일단 몸이 멈추면서 마음도 멈추는 법을 배웠다면, 당신은 몸이 움직일 때도 마음을 멈출 수 있게 됩니다. 호흡과 일상의 활동에서 몸의 움직임을 결합하는 방법에 집중하면서, 당신은 망각 대신 알아차림 가운데에서 살 수 있게 됩니다.

세상 만물이 모두 그런 것처럼 당신의 생각도 끊임없이 변합니다. 그 한 생각을 잡지 않는다면, 그것은 올라오고, 잠시 머무르다 사라집니다. 생각에 매달리는 것과 부, 명성 또는 감각적 즐거움과 같은 욕망을 마음에 품는 것은, 당신 자신과 다른 이들에게 고통을 야기시키고 스스로를 위험한 길로 끌고 가면서 갈망과 애착을 불러오는 것입니다. 생각과 욕망을 알아차리고 그것들이 그저 오고 가도록 허용하면서, 당신의 가장 깊은 곳에 자리한 열정과 손을 잡고 자신을 성장시킬 수 있는 공간을 스스로에게 만들어 주세요.

자유롭게 아래에 있는 명상 안내 게송에 당신만의 시구를 덧붙여보세요.

숨을 들이쉬며, 나는 내 생각을 알아차립니다.

숨을 내쉬며, 나는 그것들의 무상無常함을 알아차립니다.

(생각들. 무상.)

숨을 들이쉬며, 나는 부富에 대한 나의 욕망을 알아차립니다.

숨을 내쉬며, 나는 그 부가 무상함을 알아차립니다.

(부에 대한 욕망의 알아차림. 무상.)

숨을 들이쉬며, 나는 부를 갈망하는 것이

고통을 가져올 수 있음을 압니다.

숨을 내쉬며, 나는 갈망을 내려놓습니다.

(갈망을 알아차리다. 내려놓다.)

숨을 들이쉬며, 나는 감각적 즐거움에 대한

나의 욕망을 알아차립니다.

숨을 내쉬며, 나는 감각적 욕망이 완전히

무상하다는 것을 압니다.

(감각적 욕망에 대한 알아차림. 무상)

숨을 들이쉬며, 나는 감각적 즐거움에 대한 갈망이

위험함을 알아차립니다.

숨을 내쉬며, 나는 감각적 즐거움에 대한 나의 갈망을

내려놓습니다.

고요의 힘

(갈망에 대한 알아차림. 내려놓기.)

숨을 들이쉬며, 나는 내려놓기를 깊이 생각합니다.

숨을 내쉬며, 나는 내려놓는 기쁨을 경험합니다.

(내려놓기를 깊이 생각하기. 기쁨.)

바다가 평온하고 잔잔할 때만이 우리는 바다에 비친 달을 볼
수 있습니다. 있는 그대로 달을 보는 것이죠. 고요는 마음으
로부터 오는 것입니다. 외부의 어떤 조건들로부터 오는 것이
아닙니다. 고요하게 산다는 것은, 말하지 않는다거나 관계
를 맺지 않거나 아무것도 하지 않는 것을 의미하는 것이 아
닙니다. 우리의 마음이 동요하지 않는 것을 의미합니다.

3

천둥 같은 고요

온갖 물질로 늘 채워지는 우리들의 욕구는 이 시대 모든 인간의 집단적 질병입니다. 시장은 언제나 우리를 충족시키기 위한 모든 종류의 생산물을 팔기 위해 완벽한 준비가 되어있죠. 광고는 끊임없이 우리들을 위협합니다. 이런저런 아이템 없이는 일상생활이 거의 불가능할 것이라고 말이죠. 그러나 입으로 먹는 음식도, 감각식을 통해 흡수하는 것도, 우리가 소비하는 많은 것들은 독을 가지고 있습니다. 감자칩 한 봉지를 다 먹고 난 후에 왠지 기분이 더 나빠지는 것처럼, 온라인 사이트를 서핑하거나 비디오 게임을 하면서 하루의 많은 시간을 다 보낸다면 역시 유쾌하지 않은 느낌을 갖게 됩니다. 즐겁지 않은 느낌을 덮어버리거나 막아버리려는 방편으로 그런 것들을 소비한 후에는, 어떤 식으로든 결국 더 외로워지고, 화가 나고 절망을 느끼게 되기 십상입니다.

우리 자신을 방어하기 위해 강박적 충동이 일어났을 때 그에 대한 답이 될 수 있는 것은 감각식의 소비를 멈추는 것입니다. 그러나 이것은 강제로 스마트폰이나 인터넷을 사용하지 말라는 의미가 아닙니다. 음식이 우리에게 필요한 것처럼 감각식도 또한 필요합니다. 그러나 섭취할 감각식의 종류를 선택하는 것에 대해서, 그리고 특히 왜 그 순간에 그것을 소비하려고 하는지 그 이유를 아는 것에 대해서 우리는 훨씬 더 의식적이며 이성적일 수 있습니다.

하루에도 여러 번 자신의 이메일을 확인하는 사람들이 많이 있습니다. 늘 새로운 것을 찾아 메일을 체크하며 하루를 보내기도 하지만 사실 그 어떤 것도 찾지 못하죠. 우리 자신에게 정말로 새로운 어떤 것을 줄 수 있는 가장 확실한 방법은, 마음챙김 수행을 위해 내면에 텅 빈 공간의 문을 활짝 열어놓는 것입니다. 활력을 되찾고, 행복하고, 편안한 느낌의 새로운 것이어야겠죠.

내려놓기

수많은 선승은 생각을 내려놓는 것이 마음챙김 명상의 핵심이라고 말씀하셨습니다. 명상한다는 것은 조용히 앉아서 생각한다는 것이 아닙니다! 생각이 모든 걸 장악했을 때 당신은 몸과 하나 되지 못하고 그보다 더 큰 알아차림을 잃게 됩니다. 인간은 자기의 사고와 생각 그리고 감정을 매우 단단하게 붙잡고 있습니다. 그것들이 진짜라고 믿고, 그냥 내려놓는 것은 자신만의 정체성을 포기하는 것이라고 생각합니다.

만일 당신이 이런 사람들과 같다면, 아마도 자신이 행복하기 전까지는 반드시 얻어야만 하는, 아직은 실현되지 않은 어떤 조건이 있다는 생각을 하고 있을 것입니다. 그것은 학위일 수도 있고, 직장에서의 승진일 수도 있고, 수입의 수준 또는 관계 속의 위상일 수도 있습니다. 그러나 그 생각이 당신의 행복을 가로막는 바로 그것일 수 있습니다. 그 생각을 내려놓고 진정한 행복이 펼쳐질 수 있도록 텅 빈 공간을 만들기 위해, 당신은 우선 지금, 생각을 마음속에 품고 있는 것이 당신을 고통스럽게 만든다는 진실을 경험으로 깨달아야만 합니다. 10년이나 20년 동안 행복을 위한 당신의 본래 능력이 발휘되는 것을 그것이 방해하고 있었다는 사실을 한번도 이해해 본 적 없이 그 생각을 끊임없이 마음에 품고 있었을 것입니다.

어느 날 밤, 저는 꿈을 꾸었습니다. 꿈속에서 21살 정도의 대학생이었어요. 제가 이 꿈을 꿀 땐 60대 정도였는데, 꿈속에서는 젊은이였죠. 대학에서 많은 학생의 존경을 받는 저명한 교수님의 강의를 막 들을 수 있게 되었어요. 그분의 학생이 된 것이 너무 기뻐서 나는 학교 사무실에 가서 그 강의가 어디에서 열리는지 물었죠. 질문을 할 때, 누군가가 사무실로 들어왔는데, 그는 나와 똑같이 생긴 사람이었어요. 그가 입은 옷의 색깔 그리고 그의 얼굴, **모든 것**이 똑같았어요. 나는 너무 놀랐습니다. 그가 나인가? 아닌가? 직원에게 이 젊은이도 같은 강의를 듣는지 물었습니다. 그녀는 말했습니다. "아니요, 절대로 아니에요. 당신은 맞아요, 그러나 그는, 아니에요."

같은 날 아침 건물의 꼭대기 층에서 강의는 시작되고 있었습니다. 저는 시간에 늦지 않기 위해서 서둘렀고, 그러다가 오르던 계단 중간쯤에서 궁금해서 소리쳤습니다. "그나저나 이 강의가 무슨 과목이었지?" 옆에 있던 누군가가 음악이라고 제게 말했습니다. 저는 정말 놀라고 말았습니다. 왜냐하면 한 번도 음악 수업을 들어본 적이 없었거든요.

강의실 문 앞에 도착했을 때, 저는 안을 들여다보았고 거기엔 1,000명 이상은 될 듯한 학생들이 있었습니다. 진짜 하나의 거대한 집합체 같았습니다. 바깥 창문을 통해서 보이는 것은 산 정상에 눈이 덮여있는 아름다운 풍광이었고, 하늘에는 달과 수많은 별이 무리 지어 빛나고 있었습니다. 저는 그 아름다움에 아주 깊이 감동받았죠. 그러나 그때, 교수님이 막 들어오시기 전에 우리들이 연주해야 한다는 말을 들었어요. 그리고 제가 그 첫 번째 연주자였습니다. 저는 완벽하게 정신을 잃은 듯했습니다. 왜냐하면 음악에 대해서는 전혀 몰랐거든요.

내가 할 수 있는 게 뭐가 있을까 싶어 주머니를 뒤졌어요. 금속 느낌이 나는 뭔가가 만져졌죠. 그것을 꺼냈어요. 작은 종이었습니다. 저는 자신에게 말했습니다. "이건 음악이야. 이것은 악기야. 나는 종을 가지고 연주를 할 수 있어. 그래, 나는 할 수 있어." 이렇게 마음의 준비를 하고 있는데, 바로 그때 누군가가 교수님이 오신다고 말했고, 저는 잠에서 깼습니다. 아주 많이 안타까웠어요. 만일 꿈이 몇 분만 더 계속됐더라면 그를 볼 수 있었을 텐데, 모든 사람이 흠모하는 그 훌륭한 분을 만날 수 있었을 텐데, 하면서요.

잠이 깬 후 저는 꿈속에서 본 것들을 자세히 기억해 보려고 했고, 그 의미를 이해해 보려고 했습니다. 그리하여 결론에 도달하길, 그 학교 사무실에서 본 사람은 또 다른 저였습니다. 아마도 그는 어떤 견해에 대한 집착에 끊임없이 사로잡혀 있었고, 그래서 그 훌륭한 교수님의 강의를 들을 수 있을 만큼 충분히 자유롭지 못했던 것입니다. 그는, 내가 그 견해에 대한 집착에서 벗어날 수 있는 통찰력을 얻었을 때, 그 이전의 내가 남긴 과거의 나였습니다.

내려놓는다는 것은 **어떤 것**을 내려놓는다는 것을 말합니다. 우리가 꼭 붙잡고 있는 어떤 것은 단지 마음의 창조물일 것입니다. 어떤 대상에 대해서 갖는 환상에 불과한 인식인 것이죠. 그리고 대상 그 자체는 실체가 아닙니다. 세상 만물은 우리 마음의 대상이고 우리의 인식에 의해서 채색됩니다. 당신에게 어떤 생각이 떠오르고 그리고 그것을 실현하기도 전에 그 생각에 갇혀 버립니다. 당신이 믿고 있는 그 생각 때문에 두려워지기도 합니다. 심지어 그것 때문에 병이 나기도 하죠. 그 생각은 당신을 수많은 걱정과 불행으로 끌고 가기도 합니다. 그러면 당신은 거기서 풀려나고 싶어 하죠. 그러나 단지 풀려나기를 **원하는** 것이 다는 아닙니다. 자유롭기 위해서 자신에게 텅 빈 공간과 진정한 고요를 줄 수 있어야만 합니다.

고요의 힘

가끔은 생각과 감정을 깊이 들여다보기 위해서 시간이 조금은 더 필요합니다. 그러면 그것의 뿌리를 발견하게 되죠. 그것은 결국 어딘가로부터 왔습니다. 아마도 어린 시절일 수도 있고 아니면 태어나기 전부터 형성된 것일 수도 있습니다. 일단 생각과 감정의 뿌리를 인지하면, 우리는 내려놓기를 시작할 수 있습니다.

생각을 멈추는 것이 첫 번째입니다. 그리고 호흡으로 돌아와야 하고 몸과 마음을 가라앉혀야 합니다. 이는 더 큰 공간과 명료함을 가져다줄 것입니다. 그리하여 생각과 욕망 또는 우리를 힘들게 하는 감정을 확인하고 인정할 수 있게 되며, 그것에게 안녕이라고 인사하고, 그리고 이 모든 것을 내려놓을 수 있도록 스스로 허락하게 됩니다.

생각 없이 답을 찾는다는 것은

이것은 결코 우리의 생각이 항상 올바르지 않다는 것을 의미하는 것이 아닙니다. 최근 한 비구니 스님이 제게 말했습니다. "저는 해결해야 할 어려운 문제들을 많이 가지고 있습니다.

스님께서 생각하지 말라고 하시면, 저는 어떻게 이 문제들을 해결할 수 있을까요?" 오직 **바른 생각**만이 진정으로 유용합니다. 바른 생각은 좋은 열매를 맺습니다. 일반적으로, 우리 생각의 90% 내지는 그 이상이 바른 생각이 아닙니다. 그 생각들은 우리를 이리저리 끌고 다니면서 결국은 아무 데도 데려가지 못하는 결과를 낳죠. 이런 식으로 생각하면 할수록 우리의 몸과 마음은 더 많은 분열과 불안을 가져오게 되죠. 이런 식의 생각은 어떤 문제도 해결할 수 없습니다.

바른 생각은 마음챙김과 집중을 필요로 합니다. 여기 해결해야 할 문제가 하나 있다고 해봅시다. 만일 잘못된 생각을 그 문제를 푸는데 적용하면, 좋은 해결책을 찾는데 더 많은 시간이 걸릴 수도 있습니다. 우리는 우리의 마음을 쉬게 하고 저장식[3]으로 하여금 그 해결책을 찾도록 할 필요가 있습니다. 지성과 감정의 촉수는 잠시 거두어들이고 이 문제를 저장식에 맡겨야만 합니다. 하나의 씨앗을 심을 때 그것을 땅과 하늘에 맡기듯이 말이죠. 생각하는 마음이나 의식은 땅이 아닙니다. 단

---

3 저장식store consciousness은 저자의 다른 책, *Understanding our mind*에는 '무의식unconsciousness'으로 표현되어 있다. 그러나 무의식은 저장식의 극히 일부라고 말씀하신다.

고요의 힘

지 씨앗을 심고 땅을 일구는 손일 뿐입니다. 하루를 시작하면서 우리가 하는 모든 일에 마음챙김을 잊지 않고 심고 가꾸는 것이죠. 우리의 저장식이 그 씨앗이 싹트도록 하는 비옥한 땅입니다.

씨앗을 우리의 저장식인 땅에 맡긴 후에는, 인내를 해야 합니다. 우리가 자는 동안 저장식은 일을 합니다. 걷는 동안, 숨을 쉬는 동안, 생각이 그 과정을 방해하도록 하지 않으면, 저장식은 계속 일을 합니다. 그리고 어느 날, 해결책이 떠오릅니다. 왜냐하면 우리가 생각의 늪에서 헤매지 않았기 때문이죠. 저장식에서 편히 쉬었기 때문입니다.

우리는 명상 속에서 자신을 훈련시킬 필요가 있습니다. 그러면 부딪히는 여러 문제와 어려움들을 우리의 저장식에 맡길 수 있게 되죠. 자신감을 느끼게 됩니다. 그리고 마음챙김과 집중으로 씨앗에 물을 주고 땅을 돌볼 수 있게 되는 것입니다. 하루, 이틀 아니면 며칠이 지난 후에 해결책은 새싹처럼 솟아나오고, 우리는 그것을 '자각의 순간', '깨달음의 순간'이라고 부릅니다.

고요의 본질

생각과 사고방식, 개념을 모두 내려놓을 때, 우리는 마음속에 진정한 텅 빈 공간을 만들 수 있습니다. 진정한 마음은 모든 말들과 관념들이 작동하지 않고 고요하게 있는 것이고, 제한적인 정신의 구조물보다 훨씬 더 크고 넓은 것입니다. 바다가 평온하고 잔잔할 때만이 우리는 바다에 비친 달을 볼 수 있습니다.

고요는 결국 마음으로부터 오는 것입니다. 우리 외부의 어떤 조건들로부터 오는 것이 아닙니다. 고요한 곳에서 산다는 것은 절대 말하지 않는다거나 어떤 것에 전혀 관계하지 않거나 아무것도 하지 않는다는 것을 의미하는 것이 아닙니다. 단순하게 우리의 내면이 **동요하지 않는** 것을 의미합니다. 거기에는 계속되는 소음도 없습니다. 우리가 진정으로 고요하다면, 자신이 처한 상황이 무엇이든 상관없이 감미로운 고요의 광활함을 누릴 수 있습니다.

주변이 아무 소음 없이 조용하므로 우리가 지금 고요하다고 생각할 때가 있습니다. 그러나 마음이 평온하지 않으면, 우리의 머릿속은 계속 어떤 말을 하고 있을 것입니다. 그것은 진짜 고요가 아니죠. 수행은 어떻게 우리가 하는 모든 활동 한가운데에서 고요할 수 있는가를 배우는 것입니다.

생각의 방식과 보는 방식을 바꾸려고 노력해 보세요.

점심을 먹기 위해 앉아있는 시간은 당신에게 감미로운 고요를 제공할 수 있는 적절한 시간이 될 수 있습니다. 비록 주변이 시끄럽다고 해도, 습관적으로 생각에 빠져드는 것에서 벗어나고, 내면을 매우 평온하게 할 수 있는 능력을 당신은 가지고 있습니다. 복잡한 공간 속에 있을 수도 있지만, 고요를 즐기고 심지어 고독을 마음껏 누릴 수도 있습니다.

고요는 당신의 마음으로부터 오는 것이지
소음의 부재로부터 오는 것이 아님을
깨달으세요.

내면의 고요를 위해 외부의 고요함이 필요한 것이 아닌 것처럼, 고독은 반드시 당신 주변에 아무도 없다는 것을 의미하는 것은 아닙니다. 지금, 여기에서 자신을 굳건하게 세우고 살아갈 때 혼자 존재한다는 것의 깊은 의미를 당신은 알 것입니다. 그리고 지금, 이 순간 무슨 일이 일어나고 있는지 또한 아는 것이죠. 자신의 모든 느낌과 인식을 알아차리기 위해 마음챙김을 적용해 보세요. 주변에서 무슨 일이 일어나고 있는지 알아차리면서 또한 자기 내면에서 완전하게 현재에 머물 수 있습니다. 그리하여 당신은 주변 조건 따위로 인해 자신을 잃어버리지 않습니다. 그것이 진정한 고독이죠.

즐거운 고요 vs 강요된 고요

가끔 우리는 고요에 대해서 어떤 강요된 제약이라고 생각합니다. 독재자가 모든 표현의 자유를 빼앗아 버리거나, "아이들은 제자리에 얌전히 있어야 한다"라고 잔소리하는 노인, 또는 민감한 주제에 관한 이야기를 금지하는 집안의 어떤 사람이 있는 것처럼 제한이 가해지는 경우가 그런 것이죠. 그런 종류의 고요는 억압적이고 상황을 더 악화시킬 뿐입니다.

우리 중 몇몇은 자기 집안의 이런 긴장되고 불편한 고요를 알고 있습니다. 부모가 싸우면, 거기엔 고통스러운 고요가 있고 온 가족이 힘들어요. 만일 모두가 화가 나 있고 불안하다면, 고요함을 계속 유지하는 것은 집단적인 불안과 화를 더 키우는 것입니다. 당장에 폭발할 것 같은 고요함, 그런 긴장은 매우 부정적인 것입니다. 우리는 그런 고요를 오래 견딜 수 없어요. 그것은 우리를 죽입니다. 그러나 자발적인 고요는 완전히 다른 것입니다. 함께 앉고, 함께 숨 쉬고, 우리 내면에 언제나 존재하는 광대무변함과 접속할 수 있다면, 그리고 평화와 편안함과 기쁨의 에너지를 만들 수 있다면, 고요함의 집단적 에너지는 치유 효과가 매우 크고 그 자체로 자양분이 됩니다.

상상해 보세요. 당신이 바깥에 앉아 있고, 햇빛과 아름다운 나무, 초록의 풀, 그리고 곳곳에서 피어나는 작은 꽃들에 집중하고 있다고 말이죠. 풀밭 위에서 긴장을 풀고 조용하게 호흡하면, 새들의 노랫소리를 들을 수 있고 나무 사이를 오가는 바람의 음악을 느낄 수 있습니다. 비록 당신이 도시에 있다고 해도 새들의 노래와 바람 소리는 들을 수 있죠. 만일 마구 흔들리는 당신의 생각을 조용하게 하는 방법을 안다면, 불안정한 느낌으로부터 달아나기 위한 헛된 시도로 아무 생각 없는 소비에 매달릴 필요가 없습니다. 그저 소리를 듣고, 주의 깊게 경청하고, 즐기면 됩니다. 주의 깊게 들으면 거기에는 평화와 기쁨이 있고, 이러한 당신의 고요는 자발적인 것이므로 역동적이고 건설적이죠. 당신을 억압하는 그런 고요가 아닙니다.

불교는 이런 고요를 천둥 같은 고요[4]라고 부릅니다. 그것은 매우 감동적이고 에너지가 가득 차 있습니다. 우리는 종종 수천 명이 참여해 마음챙김 호흡을 수행하는 안거를 갖습니다. 당신이 이런 종류의 수행을 경험해 본다면, 자유롭게 함께 하는 고요가 얼마나 강력한지 알 수 있게 될 것입니다.

아이들이, 심지어 아주 어린 아이들이 얼마나 고요함을 즐길 수 있는지 혹시 알고 계신가요? 이와 관련된 이야기가 하나 있습니다. 마음을 느긋하게 풀어주는 이야기입니다. 플럼 빌리지에서는 모든 연령대의 아이들이 함께 먹고 기쁜 마음으로 함께 조용하게 걸을 수 있습니다. 우리의 수행 센터에서는 티브이를 보지 않고 전자 게임도 하지 않습니다. 저에겐 어린 친구가 하나 있는데, 처음 이곳을 올 때는 오는 내내 소리를 지르고 발로 차고 했답니다. 이 친구는 8살이었습니다. 부모와 함께 파리에서 온 친구였는데 이곳에 도착했을 때 그는 차에서 내리려고 하지 않았습니다. 왜냐하면 이곳에서는 몇 주 동안 티브이도 볼 수 없고 비디오 게임도 할 수 없을 거라는 걸 알고 있었기 때문이었죠. 그러나 훌륭하게 살아남았고, 친구도

---

4 '일묵여뢰(一默如雷, 유마경)'라는 말이 있다. 한 번의 침묵이 큰 우레와 같다는 뜻이다.

　　　　　　　　　　　　　　　고요의 힘

만들었고, 그리고 마지막 날, 그는 떠나길 원치 않았어요. 지금 그는 부모와 함께 매년 이곳을 찾아오고 싶어 합니다. 올해 그는 열여섯이 됩니다.

숭고한 고요는

의식적이면서 의도적인 조용함은 숭고한 고요입니다. 사람들은 가끔 고요함은 진지해야만 한다고 생각합니다. 그러나 숭고한 고요는 가볍습니다. 밝은 웃음처럼 기쁨이 가득합니다.

숭고한 고요는 우리가 주변의 사람들과 상황에 반응할 때 어떻게 우리들의 습관적인 에너지가 드러나는지 깨달을 수 있는 기회를 줍니다. 고요 속에서 일주일 또는 이 주일, 심지어 석 달이나 그 이상 수행하기를 선택하는 사람들이 있습니다. 많은 시간을 고요 속에서 보낸 후에는, 어떤 상황에서도 그것에 반응하는 방식을 완전히 변화시킬 수 있습니다. 이 고요는 치유의 힘을 가지고 있으므로 숭고하다고 불리는 것입니다. 당신이 숭고한 고요를 수행한다면, 그것은 단지 말을 삼가는 것이 아닙니다. 생각을 가라앉히고 조용하게 하는 것입니다. 멈추지 않는 생각의 라디오를 끄는 것입니다.

어떤 사람들이 행동하는 방식을 보고 그 사람에게서 숭고한 고요를 엿볼 수 있습니다. 어떤 사람들은 늘 조용해 보입니다. 그러나 그들은 정말로 고요한 상태가 아니죠. 그들은 마음이 다른 곳에 가 있습니다. 진정으로 지금, 여기에 존재하지 않고 삶에도, 그들 자신에게도 또한 당신에게도 함께 있는 것이 아닙니다. 다른 이들은 그들의 입이 꼭 닫혀 있을 때도 엄청난 양의 말을 하는 태도를 보입니다. 아마도 아무 말도 하지 않는 누군가와 함께 있으면서 그(그녀)가 당신을 비난하는 뚜렷한 인상을 주는 것을 경험해 본 적이 있을 겁니다. 이것은 숭고한 고요가 아닙니다. 왜냐하면 숭고한 고요는 이해와 자비를 고취시키는 것이기 때문이죠. 그러니 비록 당신이 단 한마디도 하지 않고 있다 하더라도, 내면에서 강력한 반발이 일어나고 있다면, 당신의 얼굴을 보고 있는 사람들은 그것을 구별할 수 있다는 것을 알아야 합니다.

마음챙김 호흡을 하고 주변의 사람들과 사건에 대한 자신의 반응을 알아차리는 것은 깊은 수행입니다. 어떤 반응을 하는 대신에, 어떤 생각을 하는 대신에, 그냥 **그대로**, **자기 자신으로** **있어 보세요**. 자신의 호흡과 발걸음, 나무들과 꽃, 푸른 하늘,

햇빛과 함께하며 당신은 마음챙김을 수행합니다.

당신은 무엇에 집중할지 선택할 수 있고 그러므로 무엇이 될지 선택할 수 있습니다. 들이쉬는 숨과 내쉬는 숨이 될 수 있습니다. 당신의 온 존재로 빗소리나 바람 소리를 들을 수 있습니다. 자유롭게. 그리고 어쩌면 그 비와 바람과 하나가 될 수도 있습니다. 이렇게 어떤 소리를 듣는 것은 정말 기쁜 일이 될 수도 있습니다. 생기를 되찾게 해 주고 치유적인 요소가 가득한 이런 것들과 접속할 때, 당신은 존재 자체입니다. 생각은 당신이 아닙니다.

이런 방식으로 수행하면서, 길을 걸어 다니다가 차의 경적이 울리거나 사람들이 소리치는 것을 들을 때, 또는 불쾌한 광경을 목격했을 때, 당신은 자비의 마음으로 반응할 수 있게 됩니다. 어떤 종류의 자극과 마주치더라도, 숭고한 고요를 놓치지 않고 잘 지키며 침착하고 평화로운 마음을 유지할 수 있습니다.

조용한 행동

고요하다는 것은 어떤 나약함이거나 세상으로부터의 도피

가 아닐까 하는 생각을 하는 사람들이 더러 있습니다. 그러나 고요 속에는 커다란 힘이 있습니다. 『묘법연화경』[5]은 널리 알려진 불교 경전으로, 대자대비하신 존재이며 약왕Medicine King으로 불리는 보살에 대한 품[6]이 있습니다. 대승불교에서 모든 보살은 부처의 또 다른 손과 팔을 가진 존재로 묘사되고, 서로 다른 역할을 하는 것으로 그려지고 있습니다. 약왕보살의 전생은 '모든 사람이 보면 그저 기쁜 보살'이었다는 이야기가 있습니다. 가끔은 우리도 그런 사람을 만나죠. 그냥 보면 좋은 사람이요. 그 사람들이 아이들일 수도 있고 어른일 수도 있지만 그들의 존재 자체가 너무 훌륭하고 맑고 즐거워서 그냥 보기만 해도 행복한 사람들이 있습니다.

약왕보살은 헌신과 사랑을 수행했습니다. 우리는 깨달음을 얻기 위해서 사랑을 할 필요가 있을까요? 대답은, "네."입니다. 아이가 성장할 때는 애정이 정말 중요합니다. 그리고 지식과 이해가 커나갈 때도 애정의 역할은 매우 중요합니다. 어머니라

---

5 『묘법연화경』은 총 7권 28품으로 약칭 『법화경』이라고도 한다. 초기 대승불교 경전 중에서 가장 중요한 경전으로 손꼽히며, 특히 제25품, 「관세음보살보문품」은 대중 속에서 널리 독송 되는 자비롭고 지혜로운 관세음보살을 묘사하는 품이다.

6 『묘법연화경』 제23품.

고요의 힘

는 사랑의 존재는 아기가 클 때 가장 중요하고, 우리가 수행할 때는 정진을 위해서 사랑하는 스승님과 도반이 함께하는 것이 매우 중요합니다. 우리는 성장하고 더 멀리 나아가기 위해서 사랑이 필요합니다.

약왕은 그의 영적 세계에서 공부가 깊어졌고, 자유와 깨달음을 얻었습니다. 그는 더 이상 자신의 몸을 자기와 동일시하지 않았어요. 깊은 수행과 오랜 정진 끝에 자신을 다른 사람의 몸으로 드러내는 것이 가능해졌죠. '모든 형상의 몸으로 드러내는 것이 가능한 고도의 몰입'으로 불리는 수행을 한 것입니다. 아이가 되어야 할 필요가 있으면 아이가 되었고, 여자가 되어야 할 필요가 있으면 여자가 되었습니다. 상인으로 나타나야 할 땐 상인이 되었죠. 자신의 몸이 자기이고 자기의 것이라는 생각에 사로잡히지 않았습니다. 그래서 그 몸으로부터 아주 쉽게 놓여날 수 있었던 것입니다. 약왕은 자신의 주변에서 엄청난 고통과 가난, 그리고 잔인한 행위들을 보았습니다. 그는 자기 몸에 향유를 붓고 직접 불을 붙였습니다. 자기 몸을 불태우며 제물로 바친 것이죠. 약왕보살은 수백만 년 동안 그 몸의 불이 꺼지지 않았는데 그 시간 동안 세상에는 계몽이 일어났으며 변화가 시작됐습니다. 불타는 그의 몸은 그것을 보고 있는 모든 이들에게 그가 기꺼이 희생하려고 했던 것이 무엇이었는지를 조용히 상기시켜 주었습니다.

1960년대 베트남 전쟁이 한창이던 때 자신들의 몸을 불사른 승려들에 대해서 아마도 당신은 들은 적이 있을 것입니다. 그 행위는 바로 『법화경』의 이 「약왕보살본사품」에 뿌리를 두고 있습니다. 자기 몸을 자기 자신이라고 여기지 않는 사람들은 때때로 세상에 메시지를 전달하기 위해서 몸을 선택하기도 합니다. 베트남 승려들이 자신들의 몸에 불을 붙일 때, 그들은 그들이 할 수 있는 가장 강력하고 조용한 메시지를 전달하기 위해서 몸을 던졌고, 그 근저에는 이런 마음이 자리하고 있었습니다. 참혹한 전쟁 속에서 극심한 고통을 받는 사람들의 도움을 요청하는 소리가 그때까지는 그 누구의 귀에도 들리지 않았기 때문에 승려들은 기꺼이 몸을 던진 것입니다. 그들은 말보다는 행동으로 베트남에 엄청난 탄압과 차별, 그리고 고통이 존재한다는 것을 전달하기 위해서 할 수 있는 모든 것을 하고 있었던 것이죠. 그 고통이 어떤 것인지 관심과 자각을 불러일으키기 위한 노력으로 하나의 횃불이 되기 위해 몸을 던진 것입니다.

만일 당신이 완전한 자유인이 아니라면, 이 몸을 자기 자신이라고 여긴다면, 이 몸이 죽어 다 분해되면 더 이상 존재하지 않는다고 생각한다면, 당신은 결코 이런 행동을 할 수 없습니다. 이것은 오직 당신이 완전한 자유인이고, 단지 이 몸이 아니라 수많은 다양한 형상들 속에서 자기 자신을 볼 수 있을 때 가능합니다. 살아있는 횃불로서 당신 자신을 바칠 수 있는 용기와 지혜를 가질 수 있게 될 때 말입니다.

제일 처음 소신공양은 1963년, 틱꽝득Thich Quang Duc 스님으로부터였습니다. 꽝은 '넓다'의 의미이고 득은 '덕'을 말합니다. 저는 그를 개인적으로 알고 있었습니다. 정말로 사랑이 충만한 사람이었죠. 젊은 시절에 저는 사이공에 있는 그의 절에서 지냈습니다. 그때 저는 불교 잡지의 편집자였고 다양한 정신적 전통에 관해 연구하고 있었죠. 그의 절에는 많은 잡지가 있었고 저는 연구를 위해 그것들을 두루 섭렵했습니다.

틱꽝득 스님은 불교를 탄압하는 (남)베트남 대통령에게 그것을 멈추라는 편지를 썼습니다. 탄압 중지를 촉구하는 연민이 가득한 편지였죠. 그는 날로 증가하는 유혈 사태에 대응하는 비폭력 조직을 구성하고 있던 승가와 재가자들의 거대한 움직임의 한 부분이었습니다. 어느 날, 틱꽝득 스님은 낡은 차를 몰고 사이공의 어느 교차로로 향했습니다. 그는 차에서 내려 자기 몸에 휘발유를 붓고 차분하게 앉아 결가부좌를 했습니다. 그리고 성냥을 그었어요. 5시간 후, 교차로 한가운데에서 불길에 휩싸인 채 앉아 있는 그의 모습은 전 세계로 전해졌습니다. 그리고 세계인들은 베트남 사람들의 고통에 대해서 알게 되었습니다. 그리고 한두 달 후, 군사 쿠데타에 의해 베트남 정권은 무너졌고 종교적 차별과 탄압 정책은 끝이 났습니다.

나는 틱꽝득 스님의 죽음에 대한 소식을 뉴욕에 있는 동안 뉴욕타임스NYT를 통해서 알게 되었습니다. 당시 저는 콜롬비아 대학에서 불교 심리학을 강의하고 있었죠. 많은 사람이 물었습니다. "살생하지 말라는 계율에 어긋나는 게 아닌가요?" 저는 마틴 루서 킹 주니어Dr. Martin Luther King, Jr. 목사에게 편지를 썼습니다. 이것은 절대 자살이 아니라는 것을 그에게 알리려고 했던 것입니다. 당신이 자살을 시도할 때는 절망감에 휩싸여 있을 때입니다. 더 이상 살고 싶지 않은 것이죠. 그러나 틱꽝득 스님은 그런 것이 아니었습니다. 그는 살고자 했습니다. 친구들과 다른 모든 생명이 살기를 원했습니다. 그는 살아있음을 사랑했습니다. 그러나 "우리는 고통 받고 있고 당신들의 도움이 절실히 필요합니다."라는 메시지를 세상에 전하기 위해서 자기 몸을 바칠 만큼 충분히 자유로운 영혼이었습니다. 그에게 내재한 대자비로 인해 불속에서도 매우 조용히 앉아 있을 수 있었습니다, 완벽한 몰입 속에서. 예수가 십자가 위에서 죽을 때, 그는 다른 모든 생명을 위해서 죽기를 선택했고, 이는 절망 속에서가 아니라 오직 희망이 되고자 하는 의지의 발현이었다는 나의 이해를 킹 목사와 함께 나누었습니다. 이것이 바로 틱꽝득 스님이 하고자 했던 설법이었던 것입니다. 그는 절망 속에서가 아니라 희망과 사랑 속에서 극단적 상황에 변화를 불러일으키고자 몸을 던졌던 것입니다.

이것은 소신공양입니다. 틱꽝득 스님과 약왕이 소신공양의 행위로 말하고자 했던 것은 단지 몸을 바치는 것이 아니라 모든 생명을 보호하고 돕겠다는 강력한 결의였습니다. 이 비범한 결의는 소신공양의 바탕이 되었고, 결코 잊을 수 없는 메시지를 성공적으로 전달하고 조용히 그들의 깨달음을 멀리 그리고 넓게 퍼뜨리는 결과를 가져왔습니다.

제가 이런 이야기를 하는 것은, 당신이 이런 극적인 어떤 행위를 해야 한다고 생각해서가 아닙니다. 단지 조용한 행동의 힘이 어떤 것인지를 분명히 보여주고자 해서입니다. 우리는 어떤 것을 변화시키거나 누군가에게 어떤 것을 납득시키기를 원합니다. 만일 당신이 직장에서나 어떤 관계 속에서 변화를 원하는 문제에 봉착해 있고 그것에 관해 대화를 시도해 봤지만 아무런 소득이 없었다면, 조용한 행동 속에서 가능한 힘에 대해서 고려해 보시길 바랍니다.

치유

헐떡거림, 소음 또는 혼란스러움으로 당신의 일상이 가득 차 있다면, 신선한 공기와 태양, 그리고 나무처럼 건강하고 힘이 되는 요소들이 당신 주변에 가득하다는 것을 알아채는 것이 쉽지 않을 것입니다.

아래에 있는 수행은 언제 어디서든 연습할 수 있습니다. 단지 편안하게 숨 쉬고 이완하고 미소 지을 수 있는 공간에 있으면 됩니다. 밝은 미소는 당신 얼굴의 모든 근육을 이완시키고 몸과 마음을 편안하게 합니다. 그러니 "웃어보세요."라고 그저 **말만** 하지 말고 정말로 **웃어보세요.** 당신 자신만의 감정과 느낌이 풍부한 시도 창작할 수 있습니다.

당신 주변에 있는 치유적인 요소들과 함께 지내는 것으로 자신을 새롭게 만들 수 있습니다. 또한 자신을 성장시키기 위해 저장식store consciousness으로부터 생기를 되찾을 수 있는 이미지들을 끌어올 수도 있습니다. 예를 들어, 당신이 분주한 도시의 한가운데에 있을 때, 산속이나 해변에 있는 것이 어떤 것인지를 기억해 낼 수도 있죠.

숨을 들이쉬고, 나는 공기를 알아차립니다.
숨을 내쉬고, 나는 호흡하는 것을 즐깁니다.
(공기를 알아차림. 기쁨을 느끼기.)

숨을 들이쉬고, 나는 태양을 알아차립니다.
숨을 내쉬고, 나는 태양을 향해 미소 짓습니다.
(태양을 알아차림. 미소 짓기.)

숨을 들이쉬고, 나는 나무를 알아차립니다.
숨을 내쉬고, 나는 나무를 향해 미소 짓습니다.
(나무를 알아차림. 미소 짓기.)

숨을 들이쉬고, 나는 아이들을 알아차립니다.
숨을 내쉬고, 나는 아이들을 향해 미소 짓습니다.
(아이들을 알아차림. 미소 짓기.)

숨을 들이쉬고, 나는 시골의 공기를 알아차립니다.

숨을 내쉬고, 나는 시골의 공기를 향해 미소 짓습니다.

(시골 공기. 미소 짓기.)

우리는 식사할 때, 종종 급하게 돌진하듯이 먹습니다. 심지어 가끔은 의자에 앉을 시간도 없죠. 당신이 정말 그렇다면, 인간으로서 밥을 먹는다는 생각을 하면서 먹을 기회를 주세요. 로봇으로서가 아니라. 먹기 전에, 차분하게 앉고, 의자(또는 바닥)가 지탱하는 몸무게를 느끼고, 생각을 가라앉히고, 그리고 음식과 함께 이 음식이 어디에서 왔는지 곰곰이 생각해 보세요. 당신 앞의 음식이 당신에게 와서 놓일 수 있었던 데는 흙과 태양, 비, 노동, 그리고 많은 조건이 서로 협력하고 함께 했던 이유 때문입니다. 수많은 사람이 굶주리고 있을 때 먹을 수 있는 음식이 있다는 것이 얼마나 다행스러운 일인지 알고 있어야 합니다.

다른 사람들과 함께 식사하기 위해 자리에 앉으면, 앞에 놓인 음식과 함께 있는 사람들을 향해 깊은 관심을 가져야 합니다. 이는 진정한 공동체를 위해 매우 기쁜 일이 될 수 있습니다.

숨을 들이쉬며, 나는 접시 위에 놓인 음식을 알아차립니다.

숨을 내쉬며, 나는 먹을 수 있는 음식이 있어서 다행입니다.

(음식을 알아차림. 감사함을 느끼기.)

숨을 들이쉬며, 나는 들판을 알아차립니다.

숨을 내쉬며, 나는 들판을 향해 미소 짓습니다.

(들판을 알아차림. 미소 짓기.)

숨을 들이쉬며, 나는 내게로

이 음식들이 올 수 있었던 많은 조건을

알아차립니다.

숨을 내쉬며, 나는 감사함을 느낍니다.

(조건들을 알아차림. 감사함을 느끼기.)

숨을 들이쉬며, 나는 나와 함께 식사하는 사람들을

알아차립니다.

숨을 내쉬며, 나는 그들의 현존에 감사합니다.

(함께 식사하기. 감사함을 느끼기.)

타인의 말에 귀를 기울이는 능력은 자비심을 가지고 자신
의 이야기를 듣는 능력에 달려 있습니다. 경청을 하고 싶
다면, 자기 내면에 텅 빈 공간이 있어야만 합니다. 우리에
게 그저 필요한 것은 편안함, 가벼움, 그리고 몸과 마음의
평화입니다. 오직 그때만이 우리가 타인의 목소리에 진정
으로 귀를 기울일 수 있죠.

4

주의 깊은 경청

우리들의 머릿속은 거의 늘 생각으로 가득 차 있습니다. 그래서 자신이나 다른 이들의 이야기를 들을 공간이 없죠. 아마도 부모님이나 학교에서 우리는 배웠을 것입니다. 수많은 것들을 기억해야만 하고, 수많은 단어와 관념과 개념을 저장해야만 한다는 것을요. 그리고 이렇게 저장한 정신적 비축물들이 사는 데 유용하다고 생각합니다. 그런데 우리가 누군가와 진실한 대화를 가져보려고 할 때, 그 사람의 말을 듣고 이해하기가 어렵다는 것을 느끼곤 합니다. 고요함은 주의 깊은 경청과 마음을 기울인 반응을 하게끔 합니다. 충만하고 정직한 대화를 위한 비법인 셈이죠.

오랜 시간 함께 지낸 많은 커플이 마음챙김 수행을 위해 찾아옵니다. 그들은 더 이상 서로의 이야기를 들을 수 없게 되었기 때문에 찾아온 것이지요. 커플 중 한 사람이 저에게 이렇게 말합니다. "소용없어요. 그녀는 듣지 않아요." 또는 "그는 결코 변하지 않을 거예요. 그에게 말하는 것은 벽에 대고 얘기하는 것이나 마찬가지예요." 그러나 상대방에 대해 불평하는 것은 그의 말을 들을 공간을 갖지 못한 자신 때문일 수도 있습니다. 우리는 모두 자신의 파트너가 자기를 이해해 주기를 원합니다. 네, 정말 그렇습니다. 그러나 우리도 또한 그를 진정으로 이해할 수 있는 능력을 가져야만 합니다.

우리는 너무나 많은 짐을 지고 있습니다. 과적된 상태이죠. 다른 이들의 말을 진심으로 듣고 이해하는 공간이 없는 것 같습니다. 하루에 8시간 내지 9시간을 쉬지 않고 일하면서 많은 생각을 해야만 합니다. 숨을 쉬고 있다는 것에 거의 주의를 기울이지 않고, 일하는 시간 동안은 그 생각 외에는 다른 어떤 것에도 관심을 주지 않습니다. 성공을 원한다면 일 외에는 다른 어떤 것도 할 여유가 없다고 우리는 믿고 있습니다.

편안한 마음으로 듣는다는 것은

최근 저는 파리에서 온 한 여성을 만났습니다. 그녀는 신체 운동학자로서kinesiologist 자기 일과 관련해 나에게 몇 가지 조언을 요청했습니다. 건강 조언자로서 가장 효율적으로 일을 하는 방법을 알고 싶어했고, 그녀의 고객에게 가장 큰 혜택을 가져다주고 싶어 했습니다. "만일 당신의 마음이 가볍고 넓다면, 당신이 하는 말이 깊은 통찰력을 전달할 것이고 그것이 진정한 소통을 가능하게 할 것입니다."라고 저는 답했습니다. 그리고 다음과 같은 말을 그녀와 함께 나누었습니다.

올바른 말을 연습하기 위해서,
첫 번째, 우리는 시간이 필요합니다.
우리 자신과 우리 앞에 있는 사람을 깊이
볼 수 있는 시간을 가져야 하는 것이죠.
우리들이 하는 말이 서로에 대한 이해를 쌓고
양쪽의 고통을 덜어낼 수 있기 위해서죠.

우리가 말할 때는 자기 생각이 옳다는 것만을 말합니다. 그러나 가끔은 그 말하는 방식 때문에 듣는 사람은 그것을 받아들일 수가 없게 되죠. 그래서 우리의 말은 그 상황에 대해 더 명확하고 이해할 수 있는 것을 끌어내는 소기의 효과를 거두지 못합니다. 자신에게 물어봐야만 합니다. 내가 그저 말을 위한 말을 하고 있는 것인지 아니면 누군가의 아픔을 치유하고자 하는 것인지 말이죠. 사랑을 근간으로, 우리가 서로 연결되어 있음을 알아차림으로써 우리의 말이 자비심에서 나올 때, 그것은 정어正語라고 부를 수 있습니다.

누군가의 말에 기다림 없이 즉각적으로 반응을 할 때, 대개는 단지 자신의 지식을 풀어내거나 감정의 속삭임 속에서 응대하는 것입니다. 다른 사람의 질문이나 견해를 들을 때, 우리는 서로 무엇을 공유했는지를 깊이 들여다보지 않고 유심히 들을 시간도 갖지 않습니다. 그저 빠르게 맞받아치는 것뿐이죠. 전혀 도움이 되지 않습니다.

다음에 누군가가 당신에게 질문을 하면, 바로 대답하지 마세요. 질문을 받고 그것이 당신을 관통하도록 기다려 보세요. 말한 사람은 정말로 자신이 한 말이 상대에게 들렸다고 느끼게 됩니다. 특별히 이런 훈련이 된 전문가들을 제외하고, 우리는 모두 이런 기술로 자신을 훈련시키면 이로움을 얻을 수 있습

고요의 힘

니다. 이것을 잘하기 위해서 정말로 노력해야만 합니다. 가장 첫 번째로 중요한 것은, 자신의 소리를 주의 깊게 듣지 않는다면 결코 다른 사람의 이야기도 깊이 들을 수 없다는 것입니다.

만일 우리가 가볍고 자유롭고, 그리고 진정으로 편안하길 원한다면, 삶의 영적인 차원을 연마할 필요가 있습니다. 이 우주보다 더 광활한 것을 얻기 위하여 수행해야 합니다. 오직 내 안에 있는 이 무한의 영역에 눈이 뜰 때 진정으로 다른 이를 도울 수 있게 됩니다. 밖에서 걷고 있거나 버스를 타고 있을 때, 아니면 어디서든지, 나는 누군가가 광대무변의 느낌을 지니고 있다면 아주 쉽게 알아차립니다. 아마 당신도 이런 사람들을 만난 적이 있을 겁니다. 그들을 잘 모른다고 해도, 마음이 느긋하고 여유 있는 그들과 함께 있으면 편안함을 느끼지요. 그들은 이미 자기만의 성에서 풀려나온 것입니다.

당신이 내면의 문을 활짝 열면, 지금까지 당신을 피했던 사람들(10대의 딸, 당신과 싸웠던 배우자, 부모님)이 당신에게 다가와 가까이에 있고 싶어 하는 것을 발견하게 될 것입니다. 어떤 것을 할 필요가 없고, 그들을 가르치려고 할 것도 없고, 무슨 말을 하려고 할 필요도 없습니다. 만일 당신이 내면의 광활함과 고요함을 위한 수행을 하고 있다면, 다른 사람들은 당신의 광대무변함에 자연스럽게 끌려 들어갈 것입니다. 당신과 함께 있다는 것만으로도 편안함을 느끼게 되는 것이죠. 당신이라는 존재 그 자체로 인해 말입니다.

이것은 무위nonaction의 덕목입니다. 우리는 생각을 멈추고, 마음을 몸으로 데려오고, 그리고 진정으로 현재가 되는 것입니다. 무위는 매우 중요합니다. 수동적이거나 무력한 것이 결코 아닙니다. 이것은 마음이 활짝 열려있는, 역동적이고 창조적인 상태를 말합니다. 단지 그 자리에 앉아 있으면 됩니다. 또렷하게 깨어있는 마음으로. 매우 가벼운 몸으로. 다른 사람들이 우리 곁에 오자마자 그들은 편안함을 느낍니다. 비록 그들을 돕기 위해 아무것도 '한 일'이 없어도, 그들은 우리에게서 많은 것을 건네받습니다.

자비심으로 들을 수 있는 내면의 텅 빈 공간을 갖는 것은, 진실한 친구나 동료, 부모, 또는 파트너가 되기 위해서 반드시 필요한 일입니다. 우리는 경청을 위하여 정신 건강 전문가가 될 필요는 없습니다. 사실, 많은 치료사가 경청을 못하고 있습니다. 그 이유는 자신들이 고통으로 가득 차 있기 때문이죠. 그들은 심리학을 수년 동안 공부하고 기술적인 부분에 대해선 아주 많이 알고 있습니다. 그러나 가슴에는 치유할 수 없고 변화시키지 못한 고통이 자리 잡고 있습니다. 게다가 자신의 의뢰인으로부터 흡수한 모든 고통으로 인해 어긋난 균형 감각을 잡기 위해서 충분히 쉬고 기뻐할 수 있는 것을 자신에게 줄 수도 없었죠. 그래서 그들은 효과적으로 의뢰인을 도울 수 있는 텅 빈 공간이 없습니다. 사람들은 치료사들에게 많은 돈을 지불하고 치유될 수 있을 것이라는 희망을 안고 매주 그들을 만납니다. 그러나 상담사들이 자비심으로 자기 내면의 이야기를 듣지 못한다면, 도움이 될 수 없습니다. 치료사와 상담사들은 다른 모든 사람처럼 고통스러운 인간입니다. 타인의 말에 귀를 기울이는 그들의 능력은 우선 자비심을 가지고 스스로의 목소리를 듣는 능력에 달려 있습니다.

타인을 돕고 싶다면, 자기 내면에 텅 빈 공간이 있어야만 합니다. 이런 평화를 우리는 만들 수 있습니다. 한 걸음씩 한 걸음씩, 숨을 들이쉬고 내쉬면서. 그러면 우리는 도움을 주는 사람이 될 수 있습니다. 그렇지 않으면, 그저 다른 이의 시간을 허비하고 있는 것뿐입니다. 그리고 전문가라면 그들의 돈도 앗아가는 것이죠. 첫 번째로 우리에게 필요한 것은 편안함, 가벼움, 그리고 몸과 정신의 평화입니다. 오로지 그때만이 우리가 타인의 목소리에 진정으로 귀를 기울일 수 있는 것입니다.

이것은 훈련이 필요합니다. 매일 시간을 갖고 당신의 호흡과 발걸음에 주의를 기울이며 마음을 몸으로 데려와 보세요. 기억하세요. 당신은 몸이 **있다**는 것을! 매일 시간을 들여 자비심으로 당신 내면 아이의 이야기에 귀를 기울여 보세요. 시끄럽게 떠들어 대는 내면의 모든 것들에게 귀를 기울여 보세요. 그러면 당신은 타인의 목소리를 듣는 방법을 알게 될 것입니다.

종소리를 듣다

종은 사람들을 모이게 하거나 자기 내면이 조화롭고 싶을 때, 그리고 다른 사람들과 화합하고 싶을 때 전 세계 많은 문화권에서 사용되는 것입니다. 아시아의 많은 나라들에서 모든 가정은 집안에 작지만 최소한 한 개의 종은 가지고 있습니다. 당신을 기분 좋게 만들어 주는 소리를 가진 어떤 종류의 종도 당신은 사용할 수 있습니다. 그 종소리를 이용하는 겁니다. 호흡을 위해, 마음을 조용히 하기 위해, 집으로, 몸으로 돌아오기 위해, 그리고 자신을 보살피기 위해 종소리를 활용하는 것입니다. 불교에서 종소리는 붓다의 목소리로 간주합니다. 말을 멈추세요. 생각을 멈추세요. 당신의 호흡으로 돌아오세요. 당신이라는 온 존재로 들으세요.

이런 경청의 방식은 평화와 기쁨이 당신의 모든 세포를 관통하게 합니다. 단지 당신의 귀로 듣는 것이 아닙니다. 머리로 듣는 것이 아닙니다. 몸속의 모든 세포가 종소리를 듣는데 함께 하도록 초대되는 것입니다.

종은 자리를 많이 차지하지 않습니다. 당신이 어디에 살고 있든, 테이블 위나 선반 어디에라도 종을 놓을 자리를 찾을 수 있습니다. 작은 방에서 누구와 같이 살고 있다고 해도 말이죠. 집에 종을 놓기 전에 종소리가 참 좋다는 느낌이 들어야 합니다. 종이 클 필요는 없지만 소리는 마음에 들어야 하니까요.

종소리를 들을 준비를 하면 그 소리를 받아들일 수 있습니다. 종을 '치는' 대신에 종소리가 나도록 정중히 '초대'해 보세요. 종을 친구처럼 바라보세요. 당신이 깨어나고 자신에게로 돌아올 수 있도록 이끌어 주는 어떤 깨달은 존재처럼 말이죠. 원한다면, 작은 방석 위에 종을 놓아도 됩니다. 마치 보살이 앉아서 명상하는 것처럼 말이죠.

종소리를 들으면서, 숨을 들이쉬고 모든 긴장을 푸는 연습을 해보세요. 몸에 길들여진 습관을 놓아주고, 특히 무조건

달려 나가는 마음의 습관도 내려놓아 보세요. 당신이 조용히 앉아 있는 중이라도 마음은 여전히 사방을 뛰어다닙니다. 종은 당신이 자신에게로 돌아오는 고마운 기회를 선사합니다. 긴장을 풀고 **완전한** 멈춤에 이르는 방식으로 들숨과 날숨을 만끽하면서 말입니다. 종소리는 밤낮없이 내달리는 당신의 생각과 감정의 기차를 멈추게 합니다.

아침에, 당신이 일터로 가기 전이나 아이들이 학교에 가기 전에, 모두 함께 앉아서 3번의 종소리가 울리는 동안 편안한 호흡을 해보세요. 평화와 기쁨 속에서 당신의 하루를 시작할 수 있는 좋은 방법입니다. 앉아서, 호흡하며, 당신 혼자서 또는 가족과 함께, 집 안의 어떤 물건이나 창밖의 나무를 바라보고 미소 지으면서 한다면 좋을 것입니다. 이것은 규칙적인 수행이 될 수 있고, 당신의 집이나 아파트, 바로 거기가 믿을 만한 안식처가 될 수 있습니다. 긴 시간이 필요하지 않습니다. 그리고 그 보람은 말로 할 수 없을 만큼 큽니다. 이것은 아름다운 수행입니다. 집에서 행할 수 있는 평화와 현존, 그리고 화합의 수행입니다.

숨 쉬는 방

집 안의 방 하나, 또는 방의 한 부분을 명상을 위한 전용 공간으로 만들어 보세요. 클 필요는 없어요. 만일 당신에게 방 안의 작은 구석만이 허용된다면, 그곳은 매우 완벽한 공간이 될 수 있습니다. 평온함과 깊은 생각을 위해 조용한 공간으로 남겨 놓을 수만 있다면 말이죠. 여기는 당신이 숨 쉬는 공간이고 작은 명상 홀입니다. 가족 중 한 사람이 그 조용한 공간에 앉아 있을 때, 다른 사람들이 그(그녀)에게 말을 걸기 위해서 거기에 들어가는 것은 안 됩니다. 평온함과 고요함을 보장받은 이 공간에 대해서 당신은 다른 가족들의 동의를 얻어내야 합니다.

저는 당신이 온 가족과 함께 앉아 보기를 권하고 싶습니다. 그리고 어느 때라도 집안의 분위기가 시끄럽거나 무겁거나, 또는 긴장감이 감돌 때는, 누구라도 숨 쉬는 방에 갈 권리가 있고 종을 칠 수 있음을 모두가 동의하도록 당신이 설득하기를 바랍니다. 가족들은 모두 들숨과 날숨을 연습할 것이고, 침착함과 평온함을 되찾기 위하여 노력할 것입니다. 그리고 무관심하고 미숙한 생각과 말, 또는 행동 때문에 길을 잃은 사랑도 또한 회복시키기 위해서 노력할 것입니다.

언제라도 누구라도 문제가 생길 수 있고, 고통스러운 느낌이 들 수도 있고, 평온하지 못한 느낌을 받을 수도 있습니다. 그러면 그 사람은 그 공간에 앉아서 종을 치고 숨을 쉴 권리가 있습니다. 다른 가족들은 그것을 존중해 주어야 합니다. 만일 그들이 훌륭한 수행자들이라면, 그들은 자신들이 하는 것이 무엇이든지 바로 멈출 것입니다. 종소리를 들으며, 평화롭고 알아차림이 있는 숨쉬기를 함께 할 것입니다. 그리고 그들이 원한다면, 그 숨 쉬는 방에 들어가 그 사람과 함께 명상할 수도 있습니다. 물론 그 사람도 원해야 되겠죠.

당신의 파트너가 기분이 좋지 않다면, 당신의 동거인이 걱정거리가 있다면, 그(그녀)에게 당신은 상기 시켜주고 싶을 수도 있습니다. "우리 같이 종소리를 들으면서 숨쉬기를 잠깐만 해볼까요?" 당신이 할 수 있는 아주 쉬운 일입니다. 또는 당신의 아이가 어떤 일로 화가 나 있다고 가정해 봅시다. 그때 당신은 종소리를 듣고, 그러면 그 아이가 숨을 쉬고 있다는 것을 알게 됩니다. 당신은 하던 일을 멈추고 즐거운 마음으로 함께 숨을 들이쉬고 내쉽니다. 당신은 아이에게 힘을 실어 주고 있는 것입니다. 그리고 잠자리에서 가족 모두가 3번의 종소리를 듣기 위해서 함께 앉아 있다면, 이때 들숨과 날숨을 9번 정도 하면

좋습니다.

이런 식으로 작은 종과 함께 호흡을 연습하는 사람들은 더 큰 평온함과 조화로움을 즐길 수 있습니다. 이것이 제가 진정한 문명이라고 부르는 것입니다. 문명화되기 위하여 당신은 현대적인 도구나 장치들이 많이 필요치 않습니다. 그저 작은 종과 조용한 공간 그리고 알아차림을 통한 들숨과 날숨만 있으면 됩니다.

조상들과 함께 듣다

사람들은 보통 자신의 조상은 죽었다고 생각합니다. 그러나 그렇지 않습니다. 그 이유는 우리가 바로 여기에 있고, 살아있으며, 우리의 조상들은 우리 안에서 계속 살아있기 때문입니다. 우리 조상들은 자신을 우리에게 전했습니다. 그들의 재능과 경험, 행복, 고통을 함께. 그들은 우리의 모든 세포 안에서 완전하게 현존해 있습니다. 어머니, 아버지, 그들 모두 우리 안에 있습니다. 우리는 그들을 결코 떼어낼 수 없습니다.

종소리를 들으면서 우리는 몸의 모든 세포들에게 함께 들

자고 초대할 수 있습니다. 동시에 모든 세대의 조상들은 종소리를 함께 듣기 위해 우리와 함께 할 수 있습니다. 만일 우리가 어떻게 듣는지를 안다면, 평화는 우리 몸의 모든 세포로 스며 들어갈 것입니다. 그러면 평화와 느긋함을 즐길 수 있을 뿐만이 아니라 우리 안의 모든 조상은 경이로운 지금, 이 순간을 즐기게 됩니다. 그들은 아마도 수많은 고통을 겪었을 것이고 기쁨의 순간은 그리 많지 않았을 것입니다. 당신 안에서, 그들은 그 기회를 얻는 것입니다.

일반적으로 듣는다는 것을 생각할 때, 우리는 주변 사람들의 말을 듣는 것을 생각합니다. 그러나 다른 종류의 듣기가 있습니다. 앞에서 언급한 것처럼, 자신의 목소리를 듣는 것이 다른 사람의 소리를 잘 듣기 위한 첫 번째 걸음입니다. 내면의 목소리를 듣게 된다면, 우리가 발견하는 것은 분리된 또 하나의 목소리가 아니고, 불쑥불쑥 난데없이 나타나는 분리된 자아도 아닙니다. 이것은 마음챙김 수행을 통해서 오는 통찰 중 하나입니다. 우리가 이 세상에 드러나기 위하여 이전의 모든 조상과 얼마나 깊이 연결되어 있는지를 발견하는 것이죠. 우리는 세포들의 공동체이고 모든 조상은 이미 우리 안에 있습니다. 그들의 목소리를 우리는 들을 수 있는 것입니다. 들어야 합니다.

말에 사로잡히지 않는 것

우리가 매일 고요 속에서 잠깐씩 시간을 내어 연습한다면, 비록 단 몇 분이라도, 우리는 말에 사로잡히는 일이 훨씬 줄어들 것입니다. 고요해질 수 있는 연습을 하면서 편안하다면, 우리는 사물의 본질과 접속하면서 새처럼 자유로울 수 있습니다.

베트남 선불교Zen Buddhism의 창시자, 보 응온 통Vo Ngon Thong은 이렇게 썼습니다. "더 이상 나에게 묻지 말라. 나의 본성은 말로 할 수 없다." 우리가 하는 말에 대한 마음챙김을 연습하기 위하여, 침묵을 연습해야만 합니다. 그러고 나서 우리의 견해가 어떤 것이었는지를 보고, 마음속 응어리들이 자신의 생각에 영향을 미칠 수도 있다는 것을 들여다볼 수 있게 됩니다. 침묵은 깊이 바라보기 위한 가장 훌륭한 토대입니다. 공자님이 말씀하셨죠, "하늘은 아무 말도 하지 않는다." 그러나 하늘은 우리에게 아주 많은 말을 합니다. 우리가 들을 줄 안다면 말이죠.

> 만일 우리가 고요한 마음의 소리를
> 듣는다면, 모든 새의 노랫소리와
> 바람에 흔들리는 소나무 가지의

모든 속삭임이 우리에게 말을 걸 거예요.

우리는 사랑하는 이와 소통하기를 원합니다. 그리고 사람들이 말없이 소통하는 방법은 많이 있죠. 일단 언어를 사용하면, 우리는 그 언어들을 우리가 진실이라고 생각하는 꼬리표로 바꾸어 붙이는 경향이 있습니다. 예를 들어, "허드렛일," "아이들," "듣다," "남자," 그리고 "여자"와 같은 말들은 마음에 어떤 이미지를 떠올리거나 추측하게 합니다. 그러면 우리의 정신 구조 너머로, 그 언어에 대한 완벽한 묘사, 서서히 발전된 그 언어에 대한 묘사를 있는 그대로 이해하기는 쉬운 일이 아닐 수도 있습니다. 만일 사랑하는 사람과 진실로 소통하기를 원한다면, 우리는 의식적으로든 무의식적으로든 소통이 가능한 비언어적 방법을 알아야 할 필요가 있습니다.

우리의 의식을 위한 금식

세상의 많은 문화는 종교적 휴일이나 입문 의식, 또는 다른 이유로 특별한 기간 동안 금식을 수행합니다. 대부분의 사람들은 건강상의 이유로 금식하죠. 이것은 우리의 몸뿐만이 아니라 의식에도 또한 매우 가치 있는 일입니다. 매일 우리는 아주 많은 말들과 이미지, 소리를 흡수하고 있죠. 그래서 그 모든 것의 섭취를 멈출 시간이 필요합니다. 마음을 쉬게 하는 것이죠. 전자메일이나 비디오, 책, 그리고 대화 같은 감각적 음식이 없는 하루는, 우리의 마음을 정화하고 두려움과 불안, 고통을 놓아버릴 기회를 제공합니다. 이것들은 우리의 의식에 들어와 계속 쌓여 있죠.

미디어 없이 온종일을 보내기 힘들더라도 잠깐의 휴식은 가질 수 있습니다. 할 수 있다면, 소리를 멈춰보세요. 요즘 사람들은 '사운드 트랙' 없이는 살 수 없는 것처럼 보여요. 그들은 혼자 있게 되면 바로(길을 걷거나 운전하거나 버스나 기차에 앉아 있거나, 또는 문밖으로 나갈 때) 열려있는 마음의 공간을 당장에 가득 채우려고 애를 씁니다. 심지어 직장 동료들이나 사랑하는 사람들이 바로 앞에 있을 때도 그렇지요. 당신이 진정한 고요 속에서 혼자만의 행동을 하려고 마음먹었다면, 그것이 차 안에 있는 것이든, 아침을 만드는 것이든, 골목길을 걷는 것이든, 끊임없는 자극의 흐름으로부터 자신에게 휴식을 주는 것이 됩니다.

여기 한 사람이 있습니다. 그녀는 자신이 가는 슈퍼마켓에서 흘러나오는 어떤 음악이 자신을 매우 슬프게 한다는 것을 알았습니다. 그 음악은 그녀에게 힘들었던 지난 시간을 떠오르게 했고, 자신은 쇼핑이 아니라 과거의 기억에 매몰되어 있다는 것을 발견한 것이죠. 이것을 깨달았을 때, 그녀는 자신의 의식을 잘 보살피기 위하여 이성적이고 현명한 결정을 내렸습니다. 지금 그녀는 슈퍼마켓에 갈 때마다 귀마개를 합니다. 음악 때문에 마음이 산란해지거나 우울해지지 않기 위해서죠.

당신이 소리 금식a sound fast을 위해서 귀마개를 반드시 할 필요는 없습니다. 매일 몇 분씩 의도적으로 조용한 시간을 가져보세요. 외부로부터의 말이나 당신 내면의 소용돌이치는 말들이 없다면, 자신의 목소리를 진정으로 들을 수 있는 기회를 얻게 됩니다. 매일, 조금씩. 이것은 당신이 자신에게 줄 수 있는 가장 완전한 선물이며 또한 다른 사람들을 위한 선물이기도 합니다. 그들의 말을 더 완전하게 들을 수 있도록 자신을 도울 수 있을 테니까요.

수행하기
네 가지 만트라

　네 가지 만트라[7]를 훈련하는 것은 어떤 한 사람의 일일 수도 있고 모든 사람들, 심지어 아이들도 할 수 있는 일입니다. 이 만트라는 자신과의 관계, 사랑하는 사람들과의 관계에서 주의 깊게 듣고 현존하는 것을 함양할 수 있도록 해줄 것입니다. 만트라는 일종의 주문입니다. 어떤 상황을 바로 변화시킬 수 있는 마법의 주문이죠. 당신은 결과를 기다릴 필요가 없습니다. 이 연습을 효과적으로 만드는 것은 당신의 마음챙김과 몰입입니다. 이런 요소들이 없다면, 효과가 없을 것입니다.

　만트라를 연습하기 위해서, 당신의 생각을 조용하게 가라앉히고, 차분함과 내면의 광활함을 느끼는 것이 매우 중요합니

　7　"만트라Mantra는 산스크리트어로 진언眞言이라고도 한다. 타인에게 은혜와 축복을 주고, 자신의 몸을 보호하며 정신을 통일하고, 깨달음의 지혜를 얻기 위해서 외우는 신비한 위력을 가진 언사다." 『종교학대사전』

다. 그렇지 않으면, 당신은 다른 사람을 위하여 그 자리에 정말로 존재할 수 없을 테니까요. 다른 이가 뭔가 방해가 되는 반응을 할 때조차도 그 차분함과 내면의 광대함을 유지하세요. 특히 세 번째와 네 번째 만트라를 연습할 때, 만일 누군가가 어떤 말을 한다면, 반드시 당신의 호흡을 잘 따라가야 하고 조용히 인내심을 갖고 들어야 합니다. 어떤 판단이나 반응 없이. 네 가지 만트라를 말할 때, 당신은 내면의 고요함을 활용하는 것입니다. 몇 가지 주의 깊게 선택한 단어들과 함께 치유와 화해를 위하여, 그리고 상호 이해를 위하여 말입니다. 자기 내면에 텅 빈 공간을 만들면서 다른 사람들에게 당신의 광활함을 건네주는 것입니다.

첫 번째 만트라는, "사랑하는 이여, 나는 여기 당신을 위해 있습니다."입니다. 누군가를 사랑할 때, 당신은 자신이 가진 가장 좋은 것을 그(그녀)에게 주고 싶을 것입니다. 그것은 바로 당신의 진정한 현존입니다. 오직 당신이 여기 있을 때만, 진정으로 사랑하는 사람의 앞에 현존할 때만, 당신은 사랑을 할 수 있습니다. 단지 만트라를 말하는 것이 그렇게 만들지는 않습니다. 당신은 여기에 있음을 연습해야만 합니다. 알아차림의 호흡과 걷기, 또는 다른 연습이 당신의 현존, 즉 지금, 여기에

고요의 힘

있음을 인지할 수 있도록 도울 것입니다. 당신 자신과 당신이 사랑하는 사람을 위하여 자유로운 한 인간으로서 여기에 있음을 연습해야 하는 것입니다. 처음에는 자신을 위하여 이 만트라를 말해보세요. 자신에게 돌아오도록, 그리고 내면의 고요와 텅 빈 공간을 만들 수 있도록. 그러면 그것이 당신으로 하여금 다른 사람을 위해 정말로 현존할 수 있도록 허용할 것이고, 진짜 만트라를 말하게 됩니다.

두 번째 만트라는 이렇습니다. "사랑하는 이여, 나는 당신이 거기에 있음을 압니다. 그리고 나는 매우 행복합니다." 사랑한다는 것은 당신이 사랑하는 사람의 존재를 인정하는 것입니다. 이것은 첫 번째 만트라를 하기 위해 당신 자신을 준비한 이후에 가능합니다. 만일 당신이 100% 여기에 있지 않다면, 다른 이의 현존을 완벽하게 알아차릴 수 없고, 그 사람은 당신으로부터 진정으로 사랑받는다고 느끼지 못할 것입니다.

당신이 지금, 여기에 있고 마음이 깨어있을 때, 사랑하는 이의 고통을 알아차릴 수 있습니다. 그 순간, 수행은 완전하게 현재에 깨어있는 연습입니다. 그리고 그(그녀)에게로 가서 세 번째 만트라를 말하세요. "사랑하는 이여, 나는 당신이 고통스러운 것을 압니다. 그래서 내가 여기에 있는 것입니다." 사람들이 고통스러울 때, 그들은 사랑하는 사람이 자신의 아픔을 알아주기를 바라죠. 아주 인간적이고 자연스러운 마음입니다. 만일 그 사람이 자신의 고통을 알아차리지 못하거나 무시할 때, 그는 훨씬 더 고통스럽습니다. 그래서 당신의 알아차림을 전하기 위하여 이 만트라를 사용하는 것입니다. 당신이 자신의 고통을 인지했다는 것을 알게 되어 큰 안도감을 느끼게 되는 것이죠. 상대를 돕기 위해 어떤 일을 하기 전이라도, 그는 이미 훨씬 덜 힘든 상태가 됩니다.

네 번째 만트라는, "사랑하는 이여, 내가 힘들어요. 나를 도와주세요." 이것은 아마 자주(그러나 이것이 정말 필요할 때는 강력한 만트라가 되죠) 말하게 되는 만트라는 아닐 것입니다. 당신 자신이 고통스러울 때 연습해 보세요. 특히 그 고통이 다른 사람으로 인해서 일어났다고 믿을 때 말입니다. 그 사람이 당신이 가장 사랑하는 사람이라면, 고통은 훨씬 더 할 것입니다. 그래서 당신은 완전한 마음챙김과 몰입의 힘을 가지고 그(그녀)에게로 가서 이 네 번째 만트라를 말하는 것입니다. "사랑하는 이여, 내가 너무도 고통스러워요. 부디 나를 도와주세요." 아마도 이것은 어려운 일일 수도 있습니다. 그러나 당신은 할 수 있습니다. 연습이 필요할 것입니다. 당신은 힘들 때 혼자 있고 싶어 하는 경향이 있습니다. 상대가 다가와서 화해를 시도할 때조차도, 당신은 쉽사리 화를 풀지 않으려고 하죠. 이는 아주 정상적인 것이고 인간이라면 다 그렇습니다. 그러나 우리가 서로 사랑할 때, 서로를 **간절히** 필요로 합니다. 특히 고통스러울 땐 더 그렇죠. 당신은 자신의 고통이 상대방에게서 왔다고 믿습니다. 그러나 과연 그럴까요? 당신이 틀렸을 수도 있습니다. 상대는 아마도 당신을 아프게 하려는 의도는 없었을 것입니다. 당신이 오해했거나 잘못된 인식을 했을 수도 있어요.

이 만트라를 말하려고 애를 쓰진 마세요. 당신이 준비되면, 상대에게 가세요. 그리고 깊이 숨을 들이쉬고 내쉬고 하면, 완전한 자신이 됩니다. 그다음 온 마음을 담아 만트라를 말하는 겁니다. 혹시 이렇게 하고 싶지 않을 수도 있어요. 다른 사람은 필요 없다고 말하고 싶을 수도 있습니다. 결국 자존심에 깊은 상처를 받은 것이죠. 그러나 사랑하는 사람과의 사이에 자존심을 경계선으로 세워놓진 마세요. 진정한 사랑은 자존심을 위한 자리가 없습니다. 자존심이 아직 거기 있다면, 당신의 사랑을 진정한 사랑으로 탈바꿈시키기 위하여 연습해야 한다는 것을 당신은 압니다. 자신을 회복하기 위해서 규칙적으로 걷기 명상과 좌선 명상을 하고, 알아차림 안에서 들숨과 날숨을 수행하는 것은 또한 당신이 연습할 수 있도록 도와 줄 것입니다.
고통이 다시 찾아왔을 때 네 번째 만트라를 말할 힘을 가질
수 있도록 하는 연습 말입니다.

그 프랑스 군인을 마지막으로 보았을 때, 매우 평화로워 보였습니다. 절에서 경험했던 깊은 고요의 순간이 그를 변화시킨 것이죠. 무의미하고 파괴적인 전쟁의 한가운데에서 이것을 가능하게 만든 것은 완전한 멈춤과 마음의 문을 활짝 연 그 순간 때문이었습니다. 고요라고 불리는 강력한 치유의 바다를 향한 순간이었죠.

5

고요의 힘

1947년, 베트남, 후에Hue의 시간을 나는 기억합니다. 그때 나는 바오 꿕 절Bao Quoc Temple에 있는 불교 연구소에서 학승으로 지내고 있었는데, 첫 출가를 하고 평상시 살던 절과는 그리 멀지 않은 곳에 머물고 있었습니다. 그 당시 프랑스 군대는 베트남 전 지역을 점령하고 있었고 후에Hue에는 군사 기지가 있었습니다. 프랑스 군과 베트남 군 사이의 총성이 자주 들렸죠. 언덕 높은 곳에 사는 사람들은 방어를 위한 작은 요새를 지어 놓았습니다. 마을 사람들은 밤중에 집중포화를 피하려고 자신들의 집 안에서 문을 걸어 잠그고 꼼짝도 못 하는 날들이 많았습니다. 아침이 되면 그들은 가끔 길 위의 피범벅이 된 백색 도료로 쓰여있는 슬로건과 함께 간

밤의 전투로 죽은 시체들을 보았습니다. 때때로 승려들은 이 지역에서 먼 길을 가야 했지만, 감히 그 지역을 지나가는 것은 누구에게나 매우 힘든 일이었습니다. 특히 대피했다가 최근에야 마을로 돌아왔던 후에 주민들은 더 힘들었죠. 바오 꾹 절이 기차역 근처에 있었음에도, 감히 그 누구도 거기에 가는 것은 엄두도 내지 못했고, 그건 당연한 일이었습니다.

어느 날 아침, 한 달에 한 번 가는 내가 출가했던 절로 떠나기 위해 바오 꾹을 출발했습니다. 아주 이른 아침이었어요. 이슬이 풀잎 끝에 아직 매달려 있었습니다. 바랑 안에는 승복과 몇 권의 경전이 있었죠. 그리고 내 손에는 베트남 전통 모자가 들려 있었습니다. 스승님과 도반들, 그리고 사랑하는 천년 고찰을 만날 생각에 가볍고 기쁜 마음으로 걸었습니다.

언덕을 막 넘어갔을 때, 나를 부르는 소리를 들었습니다. 길 위쪽 언덕 위에서 나는 손을 흔들고 있는 프랑스 군인을 보았습니다. 내가 승려여서 그가 놀리고 있구나, 하는 생각으로 외면한 채 아래로 계속 걸어갔습니다. 그러나 갑자기 이게 웃을 일이 아닐지도 모른다는 생각이 문득 들었어요. 내 뒤에서 쿵쿵거리며 달려오는 군화 소리를 들었기 때문입니다. 그는 아마도 나를 수색하려고 했던 것 같았어요. 내가 등에 멘 바랑이

고요의 힘

의심스럽게 보였던 모양입니다. 나는 걸음을 멈추고 기다렸습니다. 마른 체격의 젊고 잘생긴 군인이 다가왔습니다.

"어딜 가는 중입니까?" 그는 베트남어로 물었습니다. 발음으로 보아 프랑스인이고 베트남어는 초보 수준인 것을 금세 눈치챌 수 있었습니다.

나는 미소를 지으며 침착하게 프랑스어로 물었습니다. "내가 만일 베트남어로 답하면, 당신이 이해하시겠어요?"

내가 프랑스어로 말하는 것을 듣자, 그의 얼굴은 이내 환해졌습니다. 그는 나를 수색할 의도는 없다고 말하면서 한 가지 물어볼 것이 있다고 했습니다. "당신이 어느 절에서 왔는지 알고 싶어요."

나는 바오 꿕 절에서 살고 있다고 말했고, 그는 관심을 가지는 듯했습니다.

"바오 꿕 절." 그는 따라 했습니다. "기차역 근처 언덕 위에 있는 큰 절 말하는 겁니까?"

내가 고개를 끄덕이자, 그는 언덕의 한쪽 측면에 있는 펌프실 - 분명히 그의 경계초소 - 을 가리키며 말했습니다. "만일 당신이 많이 바쁘지 않다면, 나와 함께 저쪽으로 가서 잠시 이야기했으면 합니다." 우리는 펌프실 근처에 앉았고 그는 열흘

전 바오 꿕 절을 5명의 다른 군인들과 함께 갔었던 이야기를 했습니다. 그들은 베트남의 저항 세력, 베트민Vietminh[8]이 거기에 모여 있다는 정보를 입수하고 그들을 수색하기 위해 그날 밤, 10시에 그곳으로 갔다고 했습니다.

"우리는 그들을 찾아내기로 하고 총을 들고 갔어요. 상부의 명령은 체포하거나 필요하면 죽여도 된다는 것이었죠. 그러나 절에 들어갔을 때 우리는 얼어붙어 버렸습니다."

"베트민이 너무 많이 있었나요?"

"아니요! 아니요!" 그는 소리 질렀습니다. "만일 베트민을 보았다면 우린 얼어붙지 않았을 거예요. 거기에 아무리 많은 베트민이 있었더라도 우린 공격했을 겁니다."

나는 알 수가 없었어요. "그럼, 무엇 때문에 그렇게 놀란 건가요?"

"전혀 예상하지 못한 일이 일어난 거예요. 이전에는 우리가 수색할 때마다 사람들이 여기저기로 도망을 가거나 공포에 빠졌어요."

"그들은 너무나 많이 공포에 떨어야 했습니다. 그래서 두려

---

8 프랑스 식민지 시절 결성된 베트남의 공산주의 독립운동단체. 호찌민을 지도자로 1941년~1954년까지 활동했다.

움 속에서 도망가는 것이죠."라고 나는 설명했습니다.

"나라는 사람은 사람들을 공포에 떨게 하거나 협박하는 그런 사람은 아니에요." 그는 대답했어요. "아마 우리가 오기 전에 왔던 군인들이 그들에게 많은 해를 입혔기 때문일 겁니다. 그들은 정말 무서워했어요."

"그러나 우리가 바오 꾁 절 마당에 들어갔을 때, 완전히 아무도 없는, 사람들이 다 떠나버린 그런 장소에 들어가는 것 같았습니다. 램프는 아주 약하게 켜져 있었어요. 우리는 일부러 자갈 위를 큰 소리로 쿵쿵거리며 걸었고, 나는 절 안에 많은 사람이 있을 거라는 느낌이 들었습니다. 그러나 그 어떤 소리도 들을 수 없었어요. 믿을 수 없을 만큼 조용했습니다. 다른 동료가 소리를 질러 나를 불안하게 만들었어요. 아무도 대답하지 않았습니다. 나는 플래시를 켜고 우리가 비었다고 생각했던 방을 비췄지요. 그리고 나는 조용히 앉아서 명상하는 60여 명의 승려들을 보았습니다."

"그건 당신이 우리의 저녁 좌선 시간에 갔기 때문입니다." 나는 고개를 끄덕이면서 말했습니다.

"네. 우리는 마치 낯설고 보이지 않는 어떤 힘 속으로 뛰어든 것 같았습니다."라며 그는 대답했죠. "우리는 너무 놀라서 마당으로 돌아서 나왔습니다. 승려들은 우리를 그냥 무시했죠! 그들은 대답하기 위해 목소리를 내지 않았고, 공포나 두려움의 어떤 기색도 보이지 않았습니다."

"그들은 당신들을 무시하지 않았습니다. 그들은 호흡 명상 수행을 하고 있었어요. 그게 전부에요."

"나는 그들의 고요함에 마음이 끌렸어요." 그는 시인했습니다. "정말로 나는 그들이 존경스러웠습니다. 우리는 마당의 커다란 나무 발치에서 조용히 서 있었고 거의 30분 동안 기다렸습니다. 그리고 종소리가 여러 번 울렸고 절은 평상시로 돌아갔죠. 한 승려가 횃불을 밝히고 우리를 안으로 들어오라고 했습니다. 그러나 그에게 우리가 왜 거기에 있는지를 말하고 나서 그곳을 떠났습니다. 그날, 나는 베트남 사람들에 대한 생각이 변하기 시작했어요."

"우리 중에는 젊은 사람들이 많습니다." 그는 계속 이야기했습니다. "우리는 향수병에 걸려 있죠. 가족과 조국을 정말로 그리워하고 있어요. 우리는 베트민을 죽이기 위해 여기에 보내졌습니다. 그러나 우리가 그들을 죽일지, 아니면 그들이 우리를 죽여서 다시는 우리가 가족에게 돌아갈 수 없을지 전혀 알 수 없습니다. 산산조각 난 삶을 다시 일으키기 위하여 열심히 일하는 여기 사람들을 보면서 프랑스에 있는 나의 친척들의 완전히 부서진 삶을 떠올렸습니다. 그 승려들의 평화롭고 고요한 삶은 내게 이 지구의 모든 인간의 삶에 대해 생각해 보게 했죠. 그리고 나는 왜 우리가 이곳에 왔는지 잘 모르겠습니다. 그들과 전쟁하기 위해 여기까지 왔는데 도대체 베트민과 우리 사이의 이 증오심은 무엇일까요?"

나는 깊이 감동하며 그의 손을 잡았습니다. 그에게 나의 오랜 친구 이야기를 했어요. 프랑스 군과 싸우기 위해 입대했고 많은 전투에서 승승장구했던 친구였죠. 하루는 내가 있는 절로 그 친구가 찾아왔습니다. 그는 갑자기 나를 껴안고 울음을 터뜨렸어요. 그리고는 내게 이런 이야기를 했습니다. 요새를 공격하는 동안 그는 바위 뒤에 몸을 숨기고 있었는데, 그때 앉아서 얘기를 하고 있는 2명의 젊은 프랑스 군인들을 보았습니다. "내가 밝고, 잘생기고, 순수한 얼굴의 두 소년을 봤을 때, 형제여, 나는 차마 총을 쏠 수 없었네. 사람들은 내게 연약하고 단호하지 못하다는 꼬리표를 붙일 수도 있겠지. 그리고 만일 모든 베트남 전사가 나와 같다면, 오래지 않아 조국이 완전히 압도당할 것이라고 말할 수도 있어. 그러나 잠시 나는 나의 어머니가 나를 사랑하듯이 적들을 사랑했어! 이 어린 두 소년의 죽음이 프랑스에 있는 그들의 어머니를 얼마나 고통스럽게 할지 나는 짐작할 수 있었지. 내 어머니가 동생의 죽음으로 비통해하는 것과 같을 테니까."

"그래서 당신은," 나는 프랑스 군인에게 말했습니다. "젊은 베트남 군인들의 가슴이 인간에 대한 사랑으로 가득 차 있는 것을 본 것입니다."

젊은 프랑스 군인은 조용히 앉았고 생각에 잠겼습니다. 아마 나처럼 그도 이 학살의 부조리함, 전쟁의 참화, 그리고 부당하고 비통하게 죽어간 수많은 젊은이의 고통을 더 알게 되는 것 같았습니다.

태양은 벌써 하늘 높이 떠올랐고 나는 가야 할 시간이 됐습니다. 그는 내게 자신의 이름이 다니엘 마티Daniel Marty이며 나이는 21살이라고 말했습니다. 고등학교를 막 졸업하고 베트남에 왔다고 했어요. 그는 자신의 어머니와 형제들의 사진을 보여주었습니다. 우리는 서로를 이해하는 느낌 속에서 헤어졌고, 그는 일요일마다 나를 만나기 위해 절에 오겠다는 약속을 했습니다.

그 후 몇 달 동안, 그는 가능한 시간이면 나를 찾아왔고, 나는 그를 명상 홀로 데리고 가서 함께 수행했습니다. 나는 그에

고요의 힘

게 법명을 주었어요. 타잉 르엉Thanh Luong, '순수하고 산뜻하며 평화로운 삶'이라는 의미죠. 나는 그에게 베트남어를 가르쳤어요. 그는 군대에서 배운 몇 가지 말들만 알고 있었습니다. 그리고 몇 달 후, 우리는 베트남어로 약간의 대화를 할 수 있었어요. 그는 이전처럼 더 이상 베트민을 습격하는 데 나가지 않아도 된다고 말했고, 나는 그와 함께 안도했습니다. 고향에서 편지가 오면, 그는 내게 보여주었어요. 나를 볼 때마다 그는 합장하며 인사를 했습니다.

어느 날, 우리는 절로 타잉 르엉을 초대했습니다. 채식 공양을 함께 하기 위해서요. 그는 행복하게 우리의 초대를 받아들였고, 맛있는 블랙 올리브와 풍미 있는 음식들을 정말 칭찬했어요. 나의 도반이 만든 향기로운 버섯 쌀 수프가 정말 맛있다고 했고, 그는 그것이 채식 요리인 것을 믿을 수 없다고 했죠. 나는 그것을 어떻게 만드는지 자세히 설명해야 했어요, 그가 믿을 수 있도록.

절 탑 옆에 앉아서, 영성과 문학에 관한 대화를 깊이 나누며 천착해 들어가는 날들이 우리에게 있었습니다. 내가 프랑스 문학에 대해 칭송할 때, 자국의 문화에 대한 자부심으로 타잉 르엉의 눈빛이 빛났습니다. 우리의 우정은 매우 깊어 갔습니다.

그러던 어느 날, 그가 와서 자신의 부대가 다른 지역으로 이동할 것이라고 했고, 아마도 곧 프랑스로 돌아갈 수 있을 것 같다고 전했습니다.

나는 세 개의 아치형 정문 아래 출입구까지 그를 배웅했습니다. 그리고 우리는 서로를 포옹했고 안녕을 고했습니다. "당신에게 편지를 쓸게요, 형제님."하고 그는 말했습니다.

"당신의 편지를 받으면 정말 행복할 겁니다. 답장할게요."

한 달 후, 나는 그에게서 편지를 받았는데 새로운 소식이 있었습니다. 그는 사실 프랑스로 돌아간다고 했지만, 편지에는 알제리로 간다고 적혀 있었습니다. 그는 거기서 편지를 보내겠다고 약속했어요. 그때 이후로 그의 소식을 듣지 못했습니다. 타잉 르엉이 지금 어디에 있는지 아무도 모릅니다. 그는 안전할까요? 그러나 나는 알고 있습니다. 마지막으로 그를 보았을 때, 매우 평화로웠다는 것을요. 절에서 경험했던 깊은 고요의 순간이 그를 변화시켰습니다. 그는 모든 생명의 삶이 그의 가슴을 가득 채우도록 받아들였고, 전쟁의 무의미함과 파괴적인 모습을 보았습니다. 이 모든 것을 가능하게 만든 것은 완벽하고 완전한 **멈춤**과 마음의 문을 활짝 연 그 순간 때문입니다. 고요라고 불리는 강력한 치유의 기적적인 바다를 향한 순간이었죠.

우리의 진정한 본성이 드러나게 하려면, 끊임없는 내면의 속삭임을 멈춰야 합니다. 그것은 우리 내면의 텅 빈 공간을 점령해 버립니다. NST non stop thinking 라디오를 매일 잠깐씩 *끄면서* 우리는 시작할 수 있습니다. 끊임없이 속삭이는 그 정신의 공간을 기쁨에게 온전히 넘기기 위하여 NST 라디오를 *끄세요.*

호흡을 알아차리다

이미 우리가 보았듯이, 멈추지 않고 도는 생각의 수레바퀴에서 자유로워지는 가장 쉬운 방법은 마음챙김 호흡 연습을 하는 것입니다. 우리는 매 순간 숨을 쉬고 있습니다. 그러나 그것에 관심을 두고 집중하는 일은 거의 없죠. 호흡을 즐기는 일은 아주 드물어요.

마음챙김 호흡은, 숨을 천천히 들이쉬고 내쉬는 모든 호흡 동안 들숨과 날숨에 당신이 집중하면 즐거움을 선물하는 특별한 것입니다. 숨 쉴 때 당신이 집중하면, 그것은 뇌와 몸의 모든 세포가 마치 같은 노래를 하는 것과 같아요.

마음챙김 호흡을 하며

당신은 내면으로 들어갑니다.

당신의 몸은 숨을 쉬고 있습니다.

그리고 당신의 몸은 당신의 집입니다.

모든 호흡 속에서, 당신은

자신에게로 돌아올 수 있습니다.

아마도 당신은 많은 슬픔과 화, 또는 외로움을 지니고 있을 것입니다. 들숨과 날숨에 주의를 기울일 때, 당신은 두려움 없이 이런 감정들의 포로가 되지 않으면서 이것들과 대면할 수 있죠. 마음챙김 호흡은 말하는 방식입니다. "걱정하지 마세요, 나는 바로 여기에 있습니다. 그리고 이 감정을 잘 보살펴 줄 거예요."

마음챙김 호흡은 당신의 바탕입니다. 만일 당신이 자신의 염원을 실현하고 싶다면, 당신의 가족과 친구와 돈독한 관계를 만들고 싶다면, 당신의 공동체에 도움이 되길 원한다면, 당신의 호흡과 함께 시작해야 합니다. 마음챙김 안에서 일어난 모든 호흡, 모든 발걸음, 모든 행위는 당신에게 양식을 가져다줄 것입니다.

고요의 힘

마음챙김을 위한 텅 빈 공간 만들기는
생각보다 더 쉬워요

대부분의 사람들은 삶 속에 마음챙김 씨앗을 기르기 위한 공간이 없다고 생각합니다. 그러나 사실은, 당신의 일상에 '명상'이라고 불리는 특별한 이벤트를 밀어 넣는 것이 아니고, 당신 자신을 다시 돌아보고 진정한 목적을 기억하는 것이 문제입니다. 당신은 명상 공간에 있을 필요가 없고, 또는 명상을 연습하기 위해서 따로 시간이 날 때까지 기다릴 필요도 없습니다. 비록 이런 것들이 가능할 때는 언제든지 즐길 수 있는 분명히 대단한 것일지라도 말이죠. 조용한 마음챙김 호흡은 언제든지 할 수 있는 것입니다. 호흡에 주의를 기울이고 하고 있는 일이 무엇이든 계속 집중하면서, 편안하고 고요한 마음으로 그 자리에 있다면, 당신이 있는 곳은 어디든지 신성한 공간이 될 수 있습니다.

아침에 눈을 뜨고 아직 잠자리에 누워있는 동안, 당신은 마음챙김 호흡과 함께 하루를 시작할 수 있습니다. 처음 할 일은, 잠시 멈추고, 들숨과 날숨을 주의 깊게 살피면서, 오늘 하루 새로운 이름의 24시간이 자신에게 주어졌다는 것을 알아차리는 것입니다. 이것은 살아있음이 주는 선물입니다!

처음 출가한 후로, 나는 마음챙김 수행을 위한 짧은 게송들을 많이 외워야만 했습니다. 내가 배운 첫 게송은 이것입니다.

아침에 잠에서 깨어나 미소를 짓는다.
새로운 24시간이 내 앞에 놓여있다.
나는 모든 순간을 충만하게 살아가리라 약속한다.
그리고 연민의 눈으로 주변을
바라보는 것을 배우리라 약속한다.

보다시피, 네 문장입니다. 첫 번째 문장은 들숨을 위해서. 두 번째 문장은 날숨을 위해서. 세 번째는 다음 들숨을 위해서, 네 번째는 다음 날숨을 위해서. 호흡할 때, 그 호흡이라는 신성한 차원에 집중하기 위해 이 게송을 사용해 보세요. 평화와 행복이 가능한 그런 방식으로 당신에게 주어진 24시간을 살아가길 원할 것입니다. 그리고 당신의 24시간을 헛되이 보내지 않으리라 결심합니다. 왜냐하면 이 시간이 당신 삶이 주는 선물인 것을 알기 때문입니다. 당신은 매일 아침 새로운 선물을 받고 있다는 것을 알아차린 것입니다.

고요의 힘

당신이 편안하게 앉을 수 있다면, 좌선 명상은 마음챙김 호흡을 수행하기 위한 훌륭한 방법입니다. 많은 사람이 숨 쉬는 것 외엔 아무것도 하지 않고 앉아 있는 것을 스스로 허용하지 못합니다. 그들은 그것을 비경제적이고 사치스러운 것이라고 여기죠. "시간은 돈이다."라고 사람들은 말합니다. 그러나 시간은 돈보다 훨씬 더 큰 것입니다. 시간은 **삶**입니다. 조용히 앉아서 규칙적으로 하는 이 단순한 수행이 엄청난 위력을 가진 치유가 될 수 있습니다. 멈춤과 좌선은 마음챙김 호흡에 집중하는 데 좋은 방법입니다. 그 외 다른 것은 없어요.

식사할 때 티브이를 끄는 선택을 당신이 할 수 있듯이, NST Non-Stop Thinking 라디오를 끄는 것도 할 수 있습니다. 당신의 호흡과 음식, 그리고 함께 식사하는 사람들에게 관심을 기울이면서 말이죠. 부엌을 정리하고 설거지할 때도, 사랑과 기쁨, 그리고 감사의 마음으로 알아차림 속에서 이 일들을 할 수 있습니다. 양치질할 때, 또한 마음챙김 안에서 할 수 있습니다. 다른 생각은 하지 마세요. 그냥 양치질하는 것에만 집중해 보세요. 아마 2, 3분 정도 걸리겠죠. 그동안, 당신의 치아와 그것을 닦는 것에 마음을 집중할 수 있을 것입니다. 이런 식으로 양치질하면 행복을 느낄 수 있습니다. 화장실에 갔을 때도 마찬가지입니다. 그 시간을 즐길 수 있어요. 마음챙김은 당신과 모든 것과의 관계를 변화시킵니다. 진정으로 지금, 여기에 존재할 수 있고 무슨 일을 하든지 즐길 수 있게 됩니다.

우리가 앞에서 보았듯이, 마음챙김 걷기를 연습하는 것은 스스로 행복한 순간을 만드는 기회이고 치유의 또 다른 기회입니다. 들숨과 날숨을 하면서 당신이 발을 내디딜 때마다, 땅을 밟고 있는 두 발의 감각을 즐길 수 있습니다. 마음챙김 걷기는 당신을 자신에게로 돌아오게 합니다. 한 걸음, 한 걸음이 당신과 몸을 연결시키죠. 지금 여기로, 집으로 당신을 데려오는 것입니다. 그럼, 주차장이나 버스 정거장으로부터 직장까지 걸어가고, 우체국이나 식료품점까지 걸어가는 것을 생각하면, 왜 당신은 걸어서 집[9]으로 가지 않나요?

당신이 깨어있고 조용한 매 순간, 어떤 행동을 하더라도, 자기 자신이 될 기회를 가질 수 있습니다. 우리는 걷고 있으면서 걷고 있는 줄을 모릅니다. 그 자리에 서 있으면서 그 자리에 있는 줄을 모릅니다. 마음이 멀리 가버린 것이죠. 우리는 살아

---

9 본성, 본래면목, 불성, 참 나(진아), 부처라고 말하기도 한다. 이 자리로 돌아오라는 뜻이다. 그러나 이미 우리는 그 자리에 있다. 다만 모르고 있을 뿐이다. 생각에 완전히 사로잡혀 있어서.

있어요. 그러나 살아있다는 것을 모릅니다. 끊임없이 자신을 잃고 있어요. 그래서 몸과 마음을 조용히 가라앉히고 오직 자신이 되어 좌선에 집중하는 것은 혁명적인 행위입니다. 앉아서 공허하고, 자신을 잃은 듯한, 자기 자신이 아닌 듯한 상태를 멈추는 것입니다. 가만히 앉아 있으면, 자신에게로 돌아올 수 있고 자신이 될 수 있습니다. 이때 스마트폰이나 컴퓨터는 필요 없어요. 그냥 마음챙김 상태로 앉아 숨을 들이쉬고 내쉬면서 잠깐동안 자신에게로 돌아오는 것입니다. 무슨 일이 일어나고 있는지 당신은 압니다. 몸과 느낌, 감정, 그리고 인식에 어떤 일이 일어나고 있는지 압니다. 당신은 이미 집에 있고, 집을 잘 돌볼 수 있습니다.

오랫동안 당신은 집을 떠나 있었을 거예요. 집은 엉망진창이 되었겠죠. 당신의 몸이 어떻게 느끼는지, 어떤 감정들이 내면에서 올라오는지, 어떤 잘못된 인식들이 당신의 생각과 말을 몰아가는지 무시한 결과로 얼마나 많은 실수를 했을까요?

진정으로 집으로 향하는 것은 앉아서 당신 자신이 되는 것입니다. 자기 자신과 다시 연결하면서 상황을 있는 그대로 받아들이는 것입니다. 비록 엉망일지라도 받아들일 수 있습니다. 더 긍정적인 방향으로, 앞으로 걸어가기 위하여, 자신을 향해 돌아서는 것이 바로 출발점입니다. 나는 종종 타잉 르엉을 생각합니다. 절에서 그 깊은 고요의 순간을 경험하고 그것을 전쟁의 혼돈 속에서 자신에게 비추어 봤던 사람, 프랑스 군인. 비록 우리가 자신만의 특이한 혼란 속에 깊이 빠져 있다고 해도, 그 상황 그대로 받아들이며 평화로울 수 있는 매일의 고요함을 언제나 발견할 수 있습니다. 그리고 심지어 그 혼란 속에서 새로운 길을 우리에게 보여줄 수도 있습니다.

언젠가 나는 북부 캘리포니아의 산에 있는 사원에서 안거를 진행했습니다. 안거가 시작되고 바로 근처에서 큰 산불이 났습니다. 우리가 좌선과 걷기 명상 수행을 하는 동안, 많은 헬리콥터 소리를 들었습니다. 그것은 분명히 불쾌한 소리였어요. 나를 포함해서 많은 수행자는 베트남 사람들이거나 베트남계 미국인이었고, 우리 모두에게 헬리콥터 소리는 총과 죽음, 폭탄, 그리고 더 많은 죽음이었습니다. 우리는 잔혹한 전쟁을 통과하며 살아왔고 헬리콥터 소리를 들으면 언제나 불안하고 그 폭력이 떠올랐습니다. 심지어 안거에 참여한 사람 중 전쟁을 겪지 않은 이들에게도 그 소리는 크고 매우 거슬리는 소리였죠.

그러나 헬리콥터는 떠나지 않았고, 우리도 멈추지 않았습니다. 그 헬리콥터 소리를 마음챙김 안에서 듣는 수행으로 삼기로 선택했습니다. 종소리 같은 기분 좋은 소리를 들으면, 사람들은 그 소리에 주의를 기울이기를 **원합니다**. 기분 좋은 소리에 열중하면, 더 큰 현존과 행복을 느끼기가 쉽죠. 지금 우리는 어떻게 헬리콥터 소리에 긍정적으로 초점을 맞추는지 배워야만 합니다. 마음챙김 안에서, 이것은 전쟁터에서 날아다니는 헬리콥터가 아니라는 것을 우리 자신에게 떠오르도록 할 수 있었습니다. 이 헬리콥터는 파괴적인 불길을 끄는 데 사용되고 있었습니다. 그 알아차림으로 우리는 불쾌한 느낌을 감사와 올바른 인식으로 바꿀 수 있었습니다. 우리가 그런 식으로 마음챙김 수행을 하지 않았다면, 헬리콥터 소리가 수시로 들렸기 때문에, 정말 싫증 나고 지루한 수행 시간이 됐을 것입니다.

그 안거에는 거의 600명의 사람들이 있었는데, 모든 사람이 헬리콥터 소리와 함께 숨을 들이쉬고 내쉬며 수행했습니다. 우리는 종소리를 듣기 위해 자신을 향해 게송을 읊었습니다. 그리고 상황에 맞게 게송을 바꿨습니다.

나는 듣는다.

나는 듣는다.

이 헬리콥터 소리가 나를

현재, 이 순간으로 돌아오게 한다.

그리고 우리는 아주 잘 살아남았습니다. 헬리콥터 소리를 유익한 어떤 것으로 만든 것이지요.

삶을 위한 5분

만일 당신이 이제 시작하려고 한다면, 매일 조용하게 알아 차림 상태로 걷는데 5분만 투자해 보세요. 혼자 걷는다면, 당신이 원하는 대로 천천히 걸으면 됩니다. 한 걸음 내딛고 숨을 들이쉬고, 한 걸음 내딛고 숨을 내쉬면서 매우 천천히 걷기를 시작하는 것이 유용하다는 것을 당신은 알게 될 것입니다. 숨을 들이쉬며, 한 걸음을 내딛고 숨을 내쉬며, 한 걸음을 내딛고 하는 식으로 걸어보세요. 당신의 생각은 완전히 멈출 수 있게 됩니다. 완전히 멈춰지지 않는다면, 그 자리에서 쉬고 알아차림 안에서 가만히 있어 보세요. 생각이 완전히 멈출 때까지 들숨과 날숨을 계속하면서. 당신은 느낄 것입니다. 마음챙김 상태에서, 어떤 것이 육체적으로 정신적으로 정말 변하는 것을.

이런 식으로 한 걸음 내딛는 것이 성공한다면, 두 번째 걸음도 성공할 수 있다는 것을 당신은 알게 됩니다. 단지 5분으로 시작하지만 이 걷기를 매우 즐기고 있는 자신을 발견하게 될 것이고, 하루에도 여러 번 당신은 이 걷기 명상을 좋아서 하게 될 것입니다.

사람들은 매우 바쁩니다. 우리는 늘 지금, 이 순간으로부터 멀리 밀려나죠. 진정으로 자신의 삶을 사는 기회를 얻지 못합니다. 마음챙김은 그것을 알아볼 수 있습니다. 그것은 이미 깨달음입니다. 그래서 그 깨달음으로부터 시작합니다. 그 자각으로부터 시작합니다. 진정으로 자기 자신의 삶을 살고자 하고 정말로 멈추기를 원합니다. 삶으로부터 어디론가 멀리 실려 가는 것이 아니고. 마음챙김 좌선과 호흡, 걷기, 또는 심지어 양치질하는 동안에도 우리는 **멈출 수 있습니다.** 멈춤의 수행은 하루 중 언제라도 이루어질 수 있습니다. 운전하는 차 안에서도.

당신은 해방됩니다. 그리고 당신은 자유를 얻습니다.

그런 자유로,

그런 해방으로, 치유는

가능한 것이 됩니다. 삶은

가능해집니다. 기쁨은 가능해집니다.

요즘 사람들은 일과 삶의 균형을 이야기합니다. 우리는 일과 삶을 분리된 어떤 것으로 생각하는 경향이 있어요. 그러나 그럴 필요는 없습니다. 당신이 직장으로 운전해서 가고 차를 주차합니다. 그리고 사무실까지 행복하게 알아차림의 걷기로 갈 것인지, 아니면 급하게 정신이 없는 상태로 걸어갈 것인지는 선택할 수 있습니다. 어쨌든 그 거리만큼은 걸어야 하니까요. 당신이 **어떻게** 걷고, 어떻게 걸으면서 자신을 위해 그 자리에 자기로 존재할 수 있는지 안다면, 주차장에서 사무실까지 모든 발걸음은 당신에게 기쁨과 행복을 가져다줄 것입니다. 걸으면서 긴장을 풀 수 있습니다. 걸으면서 삶의 경이로움을 느낄 수 있습니다.

마음챙김 속에서 걸을 때, 당신은 걷기에 완벽하게 몰입합니다. 모든 발걸음을 알아차리게 됩니다. 그리고 의식적으로 걷고 있는 사람은 바로 **당신입니다.** 이것은 당신을 잡아당기는 습관적인 에너지가 아닙니다. 당신은 삶의 주인공으로 주권을 스스로 간직하고 있습니다. 당신은 결정하는 왕이거나 여왕입니다. 당신은 걷습니다. 왜냐하면 그것이 당신의 의도이므로. 그리고 발걸음마다 자유롭습니다. 걸음, 걸음마다 목적의식을 가지고 걸으면 마음챙김 발걸음은 당신을 지금, 여기에서 누릴 수 있는 삶의 모든 경이로움과 만날 수 있도록 데려옵니다. 그렇게 걸으면서 당신은 온몸과 마음을 모든 발걸음에 집중합니다. 그래서 걸을 때 당신은 생각을 하지 않습니다. 만일 생각을 한다면, 당신은 걷기에 집중할 수 없을 테니까요. 말도 하지 않습니다. 왜냐하면 말하면, 당신은 걷기에 집중할 수 없을 테니까요.

이런 방식의 걷기는 기쁨입니다. 마음챙김과 집중이 살아 있다면, 당신은 완전히 자기 자신입니다. 자기 자신을 잃어버리지 않습니다. 붓다처럼 당신은 걷습니다. 마음챙김이 없다면, 당신은 걷기를 부담스럽게 생각할 수도 있습니다. 마치 하기 싫은 일처럼 말이죠. 마음챙김과 함께라면, 당신은 걷는 것이 삶으로 이해될 것입니다.

마찬가지로, 식사 후 설거지를 할 때, 그것이 그저 힘들고 단조로운 일인지, 아니면 생생한 삶의 한순간인지를 마음으로 결정하는 것은, 당신이 **어떻게** 설거지하느냐에 달렸습니다. 설거지할 때 즐겁게 할 수 있는 방법이 하나 있습니다. 마루를 닦거나, 아침 식사를 요리할 때도 그런데요, 마음챙김 안에서 그것을 하는 방법을 안다면, 그러면 그것은 **삶**입니다. **노동이 아니에요.**

삶과 일은 분리되어 있다는 생각이 굳어진 사람들은 삶의 대부분을 헛되이 살고 있습니다. 우리는 마음챙김, 텅 빈 공간, 그리고 기쁨을 우리의 **모**든 행위에 가져오는 방법을 찾아야만 합니다. 단지 놀이나 명상처럼 보이는 어떤 것을 하고 있을 때만이 아니고. 우리가 한 번에 5분 정도씩, 마음챙김 안에서 하루를 지낼 수 있도록 마음먹는다면, 상상하고 있는 삶과 일 사이의 분리감은 사라지고, 하루라는 시간은 온전하게 우리 자신을 위한 시간이 됩니다.

걷기 명상

사람들은 공중이나 물, 또는 불 위에서 걷는 것을 기적이라고 합니다. 그러나 내게는 대지 위를 평화롭게 걷는 것이 진짜 기적입니다. 어머니 대지, 그 자체가 기적입니다. 모든 발걸음은 기적입니다. 이 아름다운 행성 위에서 의식적으로 걷는 발걸음은 치유와 행복을 가져옵니다. 걷기 명상은 지금, 이 순간으로 돌아오고 삶으로 돌아오는 훌륭한 방법입니다.

걷기 명상을 수행할 때, 당신의 발, 땅, 그리고 그 둘이 연결되어 있음을 완전히 알아차려야 합니다. 숨 쉬는 것을 자연스럽게, 그리고 발걸음을 호흡에 일치시켜 보세요. 그 반대가 아니고요. 한 번의 들숨에 몇 걸음을 걷고 한 번의 날숨에 몇 걸음을 걸어 보세요. 날숨이 좀 더 길죠. 그러니 아마 몇 걸음을 더 걸어야 할 것입니다. 사람이 드문 장소에서 걸을 때는 천천히 걷는 것이 특히 치유가 될 수 있습니다. 한 번의 들숨과 한 걸음, 그리고 한 번의 날숨과 한 걸음. 들숨과 날숨을 쉴 때, 이렇게 말해보는 겁니다. "안In." 그리고 "밖Out." 또는 "도착했다 Arrived." 그리고 "집이다Home." 걷는 동안, 진정한 당신의 집, 지금, 여기에 도착할 것입니다.

만일 길을 잃었다는 느낌이 든다면, 극심한 혼란 속에 있다면, 또는 조금은 게을러진 생각이 든다면, 걱정하지 마세요. 마음챙김 호흡, 좌선, 그리고 걷기 수행을 위하여 애쓸 필요 없습니다. 호흡 그 자체만으로 충분합니다. 좌선 그 자체만으로 충분합니다. 걷기 그 자체만으로 충분합니다. 자신이 그 행위와 하나가 되도록 해보세요. 그냥 걷기가 되어 보세요.

2003년 어느 날, 나는 한국에 있었습니다. 서울 거리에서 걷기 명상을 인도하기 위해서였죠. 많은 사람이 함께 걷기 위해서 왔습니다. 그러나 수많은 사진가와 기자들이 움직이지 못할 정도로 빽빽하게 우리 앞을 가로막고 있어서, 나는 시작 자체가 불가능하다는 것을 알았습니다. 나는 말했죠, "부처님, 포기합니다. 부디 당신이 나를 위해 걸어주세요." 나는 한 걸음을 내디뎠습니다. 바로 그때 길이 열리고 나는 계속 걸을 수 있었습니다. 이 경험 이후로, 다음과 같은 시를 썼습니다. 걷기 명상을 할 때, 이 시를 여전히 낭송합니다. 아마 당신에게도 이 시가

도움이 될 것입니다.

붓다가 숨 쉬게 하세요.
붓다가 걷게 하세요.

나는 숨 쉴 필요가 없습니다.
나는 걸을 필요가 없습니다.

붓다는 숨을 쉬고 있습니다.
붓다는 걷고 있습니다.

나는 숨 쉬는 것을 즐깁니다.
나는 걷는 것을 즐깁니다.

오직 숨 쉬는 것만 있습니다.
오직 걷는 것만 있습니다.

숨 쉬는 사람은 없습니다.
걷는 사람은 없습니다.

우리는 고통으로부터 도망치고 싶은 본능적인 성향이 있습니다. 그러나 고통 없이는, 인간으로서 성장과 성숙을 할 수 없습니다. 고통을 모른다면, 이해와 연민을 키울 수 있는 어떤 토대나 힘도 없습니다. 이해와 연민은 사랑의 다른 말이거든요. 자신의 고통을 들여다보고 인정하고 끌어안는 것은 나에 대한 관심의 시작입니다.

6

관심을 갖는다는 것은

자기에게로 돌아오는 수행을 더 많이 할수록, 우리는 마음챙김 안에서 더 많은 시간을 보낼 수 있고, 더 많이 자신의 고통을 알아차릴 수 있게 됩니다. 지금까지 숨겨온 고통이 더 자각되면서, 숨 쉬는 것과 고요함을 알아차린다는 것이 우리를 기쁘게 한다 해도, 그것들은 또한 아픔과 연결될 수도 있습니다(특히 처음 수행을 시작했을 때).

우리는 고통으로부터 도망치고 싶은 본능적인 성향이 있습니다. 그러나 고통 없이는, 인간으로서 완전히 성장할 수 없습니다.

이렇게 고통에 다가갈 때, 우리는 결국 그 무게를 한층 가볍게 줄일 수 있고, 고통은 스스로를 더 쉽게 변화시킬 수 있게 됩니다.

하지만 우리가 그것을 계속 외면하려고 하거나 마음속 가장 구석진 자리에 밀어 넣으려고만 한다면, 그것은 고통을 영속시키는 것 외엔 아무것도 아닙니다.

고통을 모른다면, 이해와
연민을 키울 수 있는 어떤 토대나 힘도
있을 수 없습니다. 고통은 매우
중요합니다. 그것에 대한 알아차림이 우리가 성장하도록
힘이 되어줄 때, 우리는 고통을 인정하고 심지어
끌어안는 것을 배워야만 합니다.

우리는 꽤 자주 고요함을 피합니다. 그 고요함을 피함으로써 고통을 피할 수 있을 거로 생각하는 것이죠. 그러나 사실은, 자각 속에서 자신에게 돌아오기 위해서 조용한 시간을 갖는 것은 우리의 고통을 치유하는 유일한 길입니다.

고통을 인정한다는 것

내가 가르치고자 하는 것 중 많은 것은 사람들이 어떻게 고통을 인정하고 스스로 깊이 안을 것인가를 배우는 데 목적이 있습니다. 그리고 고통을 어떻게 변화시킬 것인가 하는 것이죠. 이것은 하나의 기술입니다. 우리는 평화롭게 고통을 마주하며 웃을 수 있어야 합니다. 마치 더러운 진흙을 보고 웃는 것처럼. 왜냐하면 연꽃을 피울 수 있는 것은 오직 진흙이 있어야만 가능하다는 것을 우리는 알고 있거든요. 진흙을 어떻게 잘 활용할 수 있는지도 알고 있죠.

오랜 시간 우리와 함께 살아온 고통의 가장 큰 원인, 커다란 감정적 상처이며 근원이 되는 상처가 우리에겐 있을 수 있습니다. 그러나 프랑스어로 '레 쁘띠뜨 미제흐les petites miseres'라고 불리는, 매일 우리를 지치게 하는 작은 아픔들이 또한 있습니다. 만일 우리가 이 작은 아픔들을 잘 다룰 수 있다면, 소위 판에 박힌 지루한 일상으로 인한 고통의 희생자가 되지는 않을 것입니다. 고통이, 그것이 크든 작든, 넘을 수 없는 하나의 벽이 되었을 때, 우리는 그것을 받아들이고 끌어안는 방법을 알아야만 합니다.

우리가 느끼는 고통은 아버지, 어머니, 그리고 우리의 조상들로부터 전해져 왔을 것입니다. 고통을 받아들이고, 끌어안고, 탈바꿈시킬 수 있게 되면, 우리 자신뿐만이 아니라 아버지, 어머니, 그리고 조상들을 위해서도 같은 일을 한 것입니다.

고통은 피할 수 없습니다. 그것은 모든 곳에 있습니다. 인간으로서 갖는 개인적이며 집단적인 고통 외에도, 자연이 갖는 고통도 있습니다. 자연재해와 비정상적인 이상한 재난들이 매일 전 세계적으로 일어납니다. 쓰나미, 산불, 기근, 전쟁 등. 무고한 아이들이 매일 죽습니다. 깨끗한 물이 없어서, 음식이 없어서, 약이 없어서요. 우리가 비록 이 고통을 직접 경험해 보지 않았다고 해도, 우리는 이것들과 연결되어 있습니다. 그 작은 아기, 그 나이 든 여자, 그 젊은 남자 그리고 젊은 여자. 그들이 죽을 때 어찌 보면 우리도 또한 죽어가고 있는 것입니다. 그러나 동시에 우리는 물론, 여전히 살고 있고, 그래서 그것은 그들도 또한 살고 있다는 의미가 될 수도 있습니다. 이것은 말 없는 마음속 명상입니다. 이 깊은 진실을 이해함으로써 타인과 함께 살아가기 위해 자신의 의지와 욕망을 스스로 북돋울 수 있게 됩니다.

고요의 힘

자기의 섬

우리가 자기의 집으로 걸어올 때는 편안하고 느긋하며 그저 자신으로 존재할 수 있습니다. 따뜻하고 안락하며 안전하고 또한 만족을 느끼는 것이죠. 집은 외로움이 사라질 수 있는 곳입니다. 그러나 집은 정말 어디에 있나요?

붓다가 말씀하시길 우리의 진정한 집은

자기의 섬the island of self[10]이라고 불리는,

내면의 평화로운 공간[11]입니다.

10 자등명 법등명自燈明 法燈明. 붓다의 마지막 말씀으로 스승의 죽음을 슬퍼하는 제자들에게, 자신을 등불로 삼아 의지하고, 법(진리)을 등불로 삼아 의지하라고 이르셨다. 자기 자신 외엔 그 무엇도 의지하지 말라는 붓다의 마지막 전언이다. 자기가 이미 붓다이고 온 우주이며 등불, 그 자체라는 의미. 여기서 등燈이 원래는 섬島이었으나 한역하면서 '등'으로 바뀌었다고 하는 설이 있다. 섬이든 등이든 결국 자기 자신만을 의지하라는 가르침은 그대로이다.

11 진리는 언어로 표현할 수 없는 것이다. 다만 이것을 전달하기 위해서 문자로, 말로 묘사할 수밖에 없음을, 그 수많은 방편의 언어들을 사용할 수밖에 없음을 알아야 하지 않을까 싶다. 여기서 말하는 "공간"은 통상 3차원의 영역에서 그려지는 공간을 말하는 것이 아니다. 텅 비어 아무것도 없음을 가리키는 방편의 언어이니, 언어의 한계를 마음속에서 훌쩍 뛰어넘어 보시기를 독자들에게 바랄 뿐이다.

우리는 보통 그 공간이

있다는 것을 알지 못합니다.

심지어 우리가 어디에 있는지조차 모르죠.

그 이유는 우리의 안팎이 모두

소음으로 가득 차 있기 때문입니다.

진정한 집을 찾기 위해서

우리는 고요해야 합니다.

 당신이 몸이 불편하거나 불안하고 슬플 때, 두렵거나 걱정이 될 때, 이때는 바로 마음챙김 호흡을 할 시간입니다. 자기의 섬으로 돌아가기 위한 시간이 될 수 있는 것이죠. 만일 아무런 **문제가 없이** 마음이 편안할 때도 자기의 섬으로 돌아가는 마음챙김 수행을 꾸준히 한다면, 당신에게 어떤 어려운 문제가 생겼을 때 훨씬 쉽고 즐겁게 안전한 당신의 집을 다시 찾아갈 수 있습니다. 마음챙김 수행을 알고 있다는 것은 당신에겐 정말 다행스러운 일입니다. 자기의 섬은 바로 그 자리에, 당신이 있는 그 자리에 있으니 스스로를 돌이켜보는 수행을 꾸준히 하여 힘을 얻으세요. 태풍에 휩쓸리기 전에 자기의 섬으로 돌아가는 수행을 하세요. 평소에 당신이 할 수 있는 만큼 자주 자기의 섬으로 돌아오는 수행을 온 마음을 집중해서 하세요. 그러면 필연적으로 힘든 시간이 닥쳐왔을 때, 자기에게 돌아가 하나가 되는 것은 아주 자연스럽고 쉬운 일이 될 것입니다.

마음챙김 안에서 걷기, 숨쉬기, 좌선, 먹기, 그리고 차를 마시기. 이 모든 것은 매일 수시로 당신이 즐길 수 있는 안거의 구체적인 수행입니다. 당신의 내면에 마음챙김 씨앗이 이미 있습니다. 그 씨앗은 언제나 거기에 있습니다. 숨을 들이쉬고 내쉬는 일은 언제나 일어나고 있습니다. 당신의 의지와는 상관없이 자기의 섬에서 저절로 일어나고 있어요. 마음챙김을 통해서 자기의 섬에서 편히 쉬는 것은 매일의 수행이 가져다주는 열매랍니다.

코코넛 스님

베트남에 코코넛 스님으로 불리는 승려가 있었습니다. 그는 코코넛 나무를 기어 올라가는 것을 좋아했어요. 나무 위에서 좌선을 수행하곤 했었죠. 거기는 아래보다 더 시원했습니다. 젊은 시절, 그는 프랑스에 가서 공부했고 엔지니어가 되었습니다. 그러나 그가 베트남에 돌아왔을 때, 전쟁이 온 나라를 삼킨 상황이었고 그는 더 이상 엔지니어의 삶을 원하지 않게 되었습니다. 그는 승려가 되고자 했고, 승려로서 수행했습니다. 어느 날, 그는 낫 찌 마이Nhat Chi Mai를 추모하는 편지를 썼습니다. 낫 찌 마이는 전쟁의 종식을 요구하며 분신을 한 나의 재가자 여학생이었습니다. 그는 말했어요, "나는 당신처럼 자신을 불태우고 있습니다. 한 가지 다른 점이 있다면 나는 아주 천천히 나를 불태우고 있다는 것입니다." 그는 자신의 삶도 또한 평화를 위하여 완전히 바치고 있다고 말하고 있었습니다.

코코넛 스님은 평화를 가르치기 위하여 많은 일을 했습니다. 한때는 메콩강 삼각주에 수행센터를 만들어 많은 사람이 와서 좌선 명상을 하도록 이끌었습니다. 그는 또한 여러 지역에서 총알과 폭탄 조각들을 모아 쇠를 불리고 두드려 큰 종을 만들기도 했습니다. 마음챙김 종이었죠. 그는 그 종을 수행센터에 매달아 놓고 밤낮으로 쳤습니다. 이런 시를 쓰기도 했죠. "사랑하는 총알과 폭탄이여, 나는 수행을 위하여 그대들이 함께 모이도록 했습니다. 그대들의 전생이 죽이고 파괴하는 일만 했다면, 이번 생은 사람들이 깨어나도록 외치고, 인류애와 사랑, 그리고 이해한다는 것에 깨어날 수 있도록 끊임없이 부르짖어야 합니다." 그는 매일 밤 그리고 아침에 종을 쳤습니다. 그

고요의 힘

종은 어떻게 변화가 가능한지 보여주는 바로 그 상징이 되었죠.

어느 날 그는 평화의 메시지를 전달하기 위하여 대통령 궁으로 갔습니다. 경호원들이 그를 들여보내지 않았어요. 그들과 이야기하는 것이 아무 쓸모가 없음을 알고 그는 조용해졌습니다. 그는 그 자리에 자리를 잡고 문밖에서 잠을 잤습니다. 그 전에 그는 쥐와 고양이가 함께 있는 우리를 가져왔습니다. 한 우리 안에서 친구가 되어 잘 지내고 있는 쥐와 고양이였죠. 친구 되는 법을 서로 배운 것입니다. 고양이는 쥐를 잡아먹지 않았어요. 한 경호원이 그에게 물었습니다. "도대체 여기 이러고 있는 당신의 목적이 무엇입니까?" 코코넛 스님은 답했습니다. "나는 단지 고양이와 쥐도 이렇게 사이좋게 살 수 있다는 것을 대통령에게 보여주고 싶을 뿐입니다." 그는 모든 사람이 스스로 묻기를 바랐습니다. 고양이와 쥐도 이렇게 평화롭게 살 수 있는데, 왜 인간은 아닌가?

코코넛 스님은 오랜 시간 홀로 조용히 보냈습니다. 그의 의지, 그의 바람은 조국 베트남의 더 평화로운 환경을 만드는 데 기여했습니다. 그리고 매우 분명한 메시지를 전달하면서 마음의 평정심을 잃지 않았던 것입니다. 어떤 사람들은 그가 미쳤다고 했어요. 그러나 나는 그렇게 생각하지 않습니다. 그는 자기의 섬에서 매우 견고하게 평화를 위해 자기 일을 한 활동가였다고 나는 생각합니다.

고독

사람들이 '자기의 섬'이라는 말을 들을 때, 그것은 혼자 살아야 한다거나 주변의 사람들이나 다른 모든 것들을 향해 문을 닫아버리는 것으로 생각합니다. 그러나 이 수행은, 그러니까 이런 종류의 '혼자 살기'는 당신 주변에 아무도 없다는 것을 의미하는 것이 아닙니다. 오직 지금, 여기에서 확고하게 자신이 존재함을 의미하는 것입니다. 그래서 당신은 지금, 이 순간 일어나고 있는 모든 일들을 깨어있는 상태에서 다 알아차리고 있습니다.

당신이 속한 공동체에서 무슨 일이 일어나고 있는지 뿐만이 아니라, 자신의 모든 느낌, 모든 인식 등 당신의 모든 것을 알아차리기 위해서 마음챙김을 활용합니다. 자기에게 집중하는 것이지요. 당신은 언제나 자기 자신과 함께입니다. 자신을 결코 잃어버리지 않습니다. 이것은 고독한 삶을 살아가는 더 깊은 차원의 방식입니다.

고독을 수행하는 것은 지금, 이 순간에 존재하는 수행입니다. 과거에 사로잡히지 않고, 오지도 않은 미래로 떠밀려 가지도 않는 것, 그리고 무엇보다도 군중에 의해 휩쓸려 가지 않는 것이 그것입니다. 당신은 숲으로 갈 필요가 없어요. 사람들과 함께 살면서 식료품 가게도 가고 이웃들과 같이 걷기도 하죠. 그러면서 여전히 고요와 고독을 즐길 수 있는 것입니다. 해야 할 일이 너무 많은 현대 사회에서, 당신의 관심과 반응을 요구하면서 아우성치는 현실 속에서, 내면의 고독은 당신이 익혀야만 할 중요한 것입니다.

매일 조금씩 혼자 시간을 보내는 것은 좋은 일입니다. 아마도 당신은 다른 사람들과 함께 이야기하고 웃고 놀 때만 즐겁다고 생각할 수도 있습니다. 그러나 기쁨과 행복은 고독 속에서도 또한 매우 큰 것입니다. 그 기쁨과 행복은 아주 크고 깊은 것이어서 당신은 더 많이 공유할 수 있습니다. 고독 속에서 잘 자란 기쁨과 행복을 지니고 있다면, 당신은 타인에게 나눠 줄 것을 많이 가지고 있는 것입니다. 혼자 있는 힘이 없다면, 당신은 계속해서 고갈될 것입니다. 자신을 위한 충분한 자양분을 가지고 있지 않을 때, 다른 사람에게 줄 것도 많지 않은 것이지요. 그래서 고독 속에서 사는 법을 배우는 것은 중요한 것입니다.

매일, 조금씩 혼자 있는 것에 익숙해져 보세요. 그러면 자신을 풍요롭게 하고 깊이 바라보는 수행이 더 쉬워집니다. 이것은 사람들과 함께 있을 때 홀로 존재하면서 깊이 바라보는 수행이 불가능하다는 것을 의미하는 것은 아닙니다. 가능합니다. 당신이 시장에 앉아 있는 동안에도 얼마든지 홀로 존재할 수 있고 군중에게 휩쓸려 가지 않을 수 있습니다. 당신은 여전히 당신 자신이고, 여전히 당신의 주인입니다. 마찬가지로, 활발한 집단 토론 속에 당신이 있고 거기에 강력한 집단 감정이 흐르고 있다고 할지라도, 당신은 여전히 당신 자신으로 존재할 수 있습니다. 자기의 섬에서 안전하고 견고하게 삶을 지속할 수 있습니다.

이것들은 고독의 두 가지 차원입니다. 그리고 이 두 가지 모두 중요합니다. 첫 번째는 혼자 있는 것입니다. 두 번째는 어떤 집단의 한가운데에 있어도 당신 자신으로 존재할 수 있고 중심을 유지할 수 있다는 것입니다. 당신이 세상과 교감할 수 있는 것은 바로 고독 속에서 당신이 편안하기 때문입니다. 나는 완전히 나 자신으로 존재하기 때문에 당신과 연결되어 있다는 것을 느낍니다. 세상과 연결되는 것은 정말 간단합니다. 먼저 당신 자신에게로 돌아가서 관계를 맺어야 합니다.

습관의 에너지로부터의 해방

우리는 모두 내면에 습관의 에너지라는 장애물이 있습니다. 습관 에너지는 무의식적인 에너지로 우리가 같은 행동을 수천 번 반복하게 합니다. 습관 에너지는 우리가 계속 뛰게 하고, 항상 무엇인가를 하게끔 하고, 과거나 미래에 관한 생각으로 길을 잃게 하고, 자신의 고통으로 타인을 비난하도록 밀어붙입니다. 지금, 이 순간에 평화롭고 행복할 수 있는 우리의 능력을 손상시킵니다.

습관 에너지는 많은 세대를 거쳐 우리에게 전달되었고, 우리는 그것을 계속 강화하고 있습니다. 습관의 힘은 매우 강력합니다. 자신이 습관적인 특별한 것을 한다거나 거친 비난의 말을 하면, 자기가 맺어온 관계에 해를 입힐 수 있다는 것을 충분히 알만큼 우리는 지적인 존재입니다. 그런 말들을 하길 원치 않고 그런 일들을 하고 싶지 않죠. 그러나 상황이 긴박하거나 신경이 날카로워지면, 우리는 그런 말을 하고 그런 행동을 하는 자신을 발견하게 됩니다. 이것은 파괴적일 수도 있는 결과를 가져오기도 하죠. 왜일까요? 습관의 에너지가 우리 자신보다 더 크기 때문입니다. 습관 에너지는 언제나 우리를 밀어붙이고 있어요. 그래서 마음챙김 수행이 지향하는 것은 습관 에너지로부터 우리를 해방시키는 것입니다.

언젠가 친구와 함께 인도에서 버스를 타고 가던 일이 기억납니다. 우리는 달릿 공동체Dalit communities[12]를 방문하던 중이었어요. 인도의 많은 지역을 다니고 있었죠. 마음챙김 수행과 대중 강연, 그리고 안거 수행을 위해서였습니다. 버스 창밖으로 보이는 풍경은 정말 아름다웠어요. 야자나무들과 사원, 버펄로, 그리고 논이 그림처럼 펼쳐져 있었습니다. 나는 그 풍경을 즐기고 있었는데, 친구는 왠지 매우 긴장한 표정이었죠. 분명히 그는 나처럼 창밖의 풍경을 즐기고 있지 못했습니다. 그는 뭔가 불안해 보였어요. 내가 말했죠, "친구여, 지금 당신이 걱정할 일은 아무것도 없어요. 내 여행을 즐겁게 해주고 나를 행복하게 해주기 위해서 당신이 지금 마음 쓰고 있는 것을 압니

---

12 '달릿Dalit'은 인도의 신분 제도인 카스트 제도에도 속하지 않는 불가촉천민 계급을 이른다.

고요의 힘

다. 그러나 나는 지금 행복해요. 그러니 당신도 즐기세요. 뒤로 편안히 앉아요. 그리고 웃어보세요. 풍경이 정말 아름답습니다."

"알겠습니다." 그는 이렇게 말하고 좀 더 편안하게 앉았습니다. 그러나 잠시 후 그를 다시 보니 여전히 긴장한 표정이었습니다. 끊임없이 걱정하고 있었고 초조한 기색이었어요. 애쓰는 마음을 내려놓지 못하고 있었죠. 수천 년 동안 계속된 고군분투의 마음입니다. 그는 현재를 살지 못하고, 그 순간을 흘려보내고 있는 것입니다. 지금, 이 순간을 살고자 하는 것이 나의 수행이었고, 지금도 그렇습니다. 당신이 눈치챘겠지만, 그는 불가촉천민이었습니다. 지금 그는 가족이 있고, 안락한 아파트에서 살고, 좋은 직업도 있습니다. 그러나 과거 수천 년 동안 그의 조상들이 겪었던 모든 고통, 그 고통이 습관이 되어 에너지를 형성하고, 그 습관 에너지를 그는 여전히 짊어지고 사는 것입니다. 그는 밤낮으로, 심지어 꿈에서조차 발버둥을 칩니다. 그것을 내려놓지 못하고 편안할 수 없죠.

우리 조상들은 그에 비하면 조금은 더 다행스러운 듯합니다만 우리 중 대부분은 마찬가지로 불안하고 괴롭고 제대로 잠들지 못하고 있습니다. 우리는 자신을 지금, 여기에 편안하게 있을 수 있도록 가만히 놔두지를 않습니다. 왜 계속 달리고 달려야만 할까요? 아침을 준비할 때도, 점심을 먹는 동안에도, 걷는 중에도, 앉아 있는 동안에도 끊임없이 왜? 우리를 언제나 당기고 미는 어떤 것이 있습니다. 우리는 어디로 달리고 있는 것일까요?

붓다가 이에 대해 분명하게 하신 말씀이 있습니다. "과거로 인해 괴로워하지 마세요. 왜냐하면 과거는 지나갔기 때문입니다. 미래에 대해 걱정하지 마세요. 왜냐하면 미래는 아직 오지 않았기 때문이죠. 당신이 살아있는 순간은 오직 현재, 이 순간 뿐입니다. 현재로 돌아오세요. 그리고 지금, 이 순간을 충실하게 살면, 당신은 자유로운 존재가 될 것입니다."

두 개의 매듭을 풀다

두 가지 종류의 매듭[13]이 있습니다. 첫 번째는 우리의 관념과 견해, 개념과 지식으로 이루어져 있습니다. 모든 사람은 관

---

13 여기서는 고뇌를 의미한다.

넘과 견해를 가지고 있죠. 그러나 우리가 그것들로 인해 꽉 막혀버리면 자유롭지 못한 상태가 됩니다. 그리고 삶의 진실을 마주할 기회도 얻지 못하게 되죠. 두 번째 매듭은 우리의 고통과 습관화된 고통. 즉, 두려움, 화, 차별, 절망, 오만 같은 것이 있습니다. 자유롭기 위하여 그것들은 사라져야만 합니다.

우리의 뇌와 의식에 깊이 새겨진 이 두 개의 매듭은, 우리를 구속하고 원치 않는 일을 하도록 등을 떠밀죠. 그리고 하고 싶지 않은 말을 하게끔 합니다. 그러니 우리는 자유로울 수 없죠. 자신의 진정한 욕망이 아닌 습관적인 두려움이나 뿌리 깊은 관념과 생각들 속에서 어떤 일을 할 때, 우리는 자유롭지 않습니다.

당신이 이 책을 읽고 있을 때, 또는 명상할 때, 그것은 어떤 개념이나 생각을 얻을 목적으로 하는 것은 아닙니다. 사실은, 개념과 생각을 다 내려놓기 위해서죠. 낡은 개념이나 생각을 단지 더 새로운 것으로 대체하려고 하지 마세요. 행복이라는 하나의 개념에 이어 또 하나의 다른 개념을 쫓아가는 것을 멈추세요. 그리고 하나의 생각이 끊임없이 다른 생각으로 이어지는 것도 멈추세요.

우리에게는 행동의 패턴이 있습니다. 습관 에너지는 매우 심각할 정도로 내달릴 수 있어요. 매일 우리는 이 보이지 않는 에너지가 우리의 삶을 지배하도록 합니다. 이 에너지의 영향력 안에서 우리는 행동하고 반응하고 있습니다. 그러나 마음은 본래 유연합니다. 신경과학자들이 말하기를, 우리의 뇌는 가소성이 있습니다. 그래서 우리는 그것들을 완전히 변화시킬 수 있습니다.

멈출 수 있다는 것, 그리고 지금, 이 순간을
알아차리는 것은 행복에 대한 정의의 일부다.
미래에 행복한 것은 가능하지 않다.
이것은 믿음의 문제가 아니다.
이것은 체험의 문제다.

우리가 몸의 움직임을 멈출 때, 정신은 더 수다스럽게 재잘거릴 수 있습니다. 끊임없는 인지적 불안으로 야기된 정신적 재잘거림을 멈출 때, 완전하게 새롭고 만족스러운 방법으로 삶을 살아갈 기회를 주는 광대무변을 우리는 체험할 수 있습니다.

고요를 위한 공간이 없다면 우리는 행복할 수 없습니다. 나는 이것을 직접적인 관찰과 체험으로부터 알고 있습니다. 나는 설명을 위한 신경과학자의 기계장치는 필요 없습니다. 누군가 걸어가는 것을 볼 때, 이 사람이 행복한지 아닌지, 평온한지 아닌지, 사랑이 있는 사람인지 아닌지를 나는 구별할 수 있습니다. 고요가 없다면, 우리는 현재를 살고 있지 않은 것입니다. 현재, 이 순간은 행복을 찾을 수 있는 최고의 기회입니다.

앙굴리말라

붓다가 살던 시절에 앙굴리말라라는 한 남자가 있었습니다. 그는 악명 높은 연쇄 살인범이었습니다. 그는 너무도 큰 고통 속에 있었고 증오로 가득 차 있었어요.

어느 날, 그가 한 마을에 들어오자 마을 사람들은 공포에 휩싸였습니다. 그때, 붓다는 그의 제자들과 함께 근처에서 머물고 계셨고, 아침 탁발을 위해 그 마을로 들어오셨습니다. 마을 사람 하나가 붓다에게 애원하면서 말했어요, "경애하는 스승님, 지금 바깥에 다니시는 것은 너무 위험합니다! 부디 저희 집으로 들어오소서. 제가 스승님께 음식을 보시하겠습니다. 앙굴리말라가 마을에 있습니다."

붓다는 말씀하셨습니다. "괜찮습니다. 내 수행은 걷는 것이고, 한 집만이 아니라 여러 집을 방문하는 것입니다. 나는 탁발을 위해서만이 아니라 사람들과 만나기 위해서 여기에 있는 것입니다. 그리고 그들에게 진심으로 보시를 수행할 기회를 주고 또한 가르침을 주기 위해서 여기에 있습니다." 이렇게 붓다는 마을 사람의 간절한 요청을 받아들이지 않았습니다. 붓다는 완전히 평화롭고, 정신적인 힘을 갖추었고, 그의 수행을 계속할 용기가 충분히 있었습니다. 승려가 되기 전에 무예를 훌륭하게 수련했었던 것도 그의 용기에 한몫한 듯했습니다.

붓다는 자신의 발우를 들고 평화롭고 무심하게 한 발, 한 발 음미하면서 걸었습니다. 탁발이 다 끝나고 숲을 가로질러 걸어갈 때, 붓다는 누군가 뒤에서 뛰어오는 소리를 들었습니다. 붓다는 그 사람이 앙굴리말라라는 것을 알았죠.

앙굴리말라가 두려움이 없는 사람을 본 것은 처음이었습니다. 앙굴리말라를 본 사람들은 말 그대로 공포에 질려 그 자리에서 마비가 되어버린 사람들 외에는 누구라도 허겁지겁 최대한 빠르게 도망갔죠. 그러나 붓다는 전혀 달랐습니다. 그는 계속 걷고 있었고 동요하지 않았습니다. 앙굴리말라는 자신을 보고도 전혀 흔들리지 않는 사람을 보고 격분했습니다. 붓다

고요의 힘

는 유념하고 있었습니다. 그는 상황을 알아차리고 있었던 것이죠. 그러나 붓다의 맥박은 그대로였고, 신경계를 놀라게 할 만한 아드레날린의 분출은 없었습니다. 맞서 싸울지 도망을 갈지 미친 듯이 따져보고 있지 않았습니다. 붓다는 침착했습니다. 그는 훌륭한 수행을 한 것이죠!

앙굴리말라가 거의 잡을 듯이 다가와서 소리쳤어요, "스님, 스님, 거기 멈추시오!" 그러나 붓다는 조용히, 고요하게, 고귀한 몸짓으로 계속 걸었습니다. 그는 평화의 전형이었고 두려움 없음의 화신이었습니다. 앙굴리말라는 붓다를 계속 따라오면서 말했습니다. "스님, 왜 멈추지 않는 거요? 내가 멈추라고 말했잖소!"

여전히 걸으면서 붓다는 말씀하셨습니다. "앙굴리말라여, 나는 이미 오래전에 멈췄습니다. 멈추지 않은 것은 바로 당신입니다."

앙굴리말라는 할 말을 잃었습니다. "무슨 말이오? 당신은 여전히 걷고 있는데 멈췄다고?"

그때 붓다는 앙굴리말라에게 진정으로 멈춘다는 것이 무슨 의미인지 말했습니다. "앙굴리말라여, 당신이 지금 하는 일을 계속하는 것은 몹시 나쁜 짓이오. 많은 사람뿐만이 아니라 자신에게도 엄청난 고통을 가하고 있습니다. 당신은 어떻게 사랑하는지를 배워야만 합니다."

"사랑? 당신이 지금 나한테 사랑을 말하는 것이오? 인간이 얼마나 잔인한지요. 나는 모든 인간을 증오하오. 그들을 다 죽여버리고 싶소. 사랑이란 건 없어요."

붓다는 부드럽게 말했습니다. "앙굴리말라여, 나는 당신이 얼마나 고통스러운지 압니다. 당신의 화, 당신의 증오 또한 매우 크지요. 그러나 당신이 주변을 돌아본다면, 친절하고 사랑스러운 사람들을 볼 수 있을 것입니다. 나의 수행 공동체에서 비구나 비구니를 만난 적 있나요? 나의 재가자 학생들을 만난 적 있습니까? 그들은 매우 자비롭고, 평화로운 사람들입니다. 누구도 그것을 부정할 수 없지요. 사랑이 있고 사랑할 줄 아는 사람들이 있다는 진실에 스스로 눈 감으면 안 됩니다. 앙굴리말라여, 멈추세요."

앙굴리말라가 대답했습니다. "너무 늦었습니다. 내가 멈추기엔 너무 많이 늦었습니다. 비록 내가 멈춘다고 하더라도, 사람들이 날 가만두지 않을 것입니다. 곧장 나를 죽일 것입니다. 내가 만일 살고자 한다면 결코 멈출 수 없습니다."

붓다가 말씀하십니다. "사랑하는 벗이여, 결코 늦지 않았습니다. 지금 멈추세요. 내가 당신을 친구로서 돕겠습니다. 그리고 우리 상가Sangha[14]가 당신을 보호하겠습니다." 이 말을 듣자마자, 앙굴리말라는 칼을 던져버리고, 무릎을 꿇고, 붓다의 상가에 받아들여 달라는 요청을 했습니다. 그는 상가 안에서 가장 부지런한 수행자가 되었습니다. 완벽하게 변했고 완전히 온순한 사람이 되었습니다. 비폭력의 화신이 된 것입니다.

앙굴리말라가 멈췄다면, 우리도 멈출 수 있습니다. 우리 중 누구도 이 살인자보다 더 분주하고, 더 불안하고, 더 미쳐 날뛰는 사람은 없습니다. 멈추지 않으면 우리는 고요라는 평화를 찾을 수 없습니다. 점점 더 빠르게 달리고, 더 세게 자신을 밀어붙인다면 결코 우리의 손은 고요에 가닿을 수 없을 것입니다. 우리는 여기가 아니면 어떤 다른 곳에서도 고요를 찾을 수 없습니다. 몸의 분주한 움직임과 마음속 소음을 진정으로 멈출 수 있는 순간, 우리는 치유가 될 수 있는 고요를 찾기 시작합니다. 고요는 뭔가 부족하고 허전한 것이 아닙니다. 텅 빈 공간, 아무것도 없이 비어 있다는 의미입니다. 우리가 조용하고

---

14 불교는 삼보三寶 즉, 불佛, 법法, 승僧을 바탕으로 이루어져 있다. 그 중 승보僧寶로 이루어진 공동체, 승단 또는 승가를 이르는 말이다.

고요하기 위해서 자신 안의 텅 빈 공간을 더 많이 만날수록,
자신은 물론 타인에게도 이 공간을 더 많이 내주어야 합니다.

수행하기

자기를 등불로 삼다

붓다는 돌아가시기 직전 심한 병으로 고통스러워하시면서 수많은 제자가 자신이 죽은 다음 상실감을 느낄 것이라는 걸 알았습니다. 그래서 제자들에게 가르침을 전하시니, 자기 자신 외에는 그 어떤 것에도 의지하지 말고 '자기의 섬'에 머무르라 하는 것이었습니다. 당신이 의식적인 호흡을 수행하고 마음챙김으로 머무를 수 있게 되면, 자신에게로 돌아와서 자기의 섬을 향하여 손가락을 들어 가리키는 스승님을 만나게 될 것입니다.

당신의 섬에는 새가 있고, 나무, 시냇물도 있습니다. 마치 육지에 다 있는 것처럼 말이죠. 엄밀히 말하면 내면과 외부 사이에는 어떤 경계선도 없습니다. 당신이 거기에 없다면, 자기의 섬에 진짜 자기로 존재하지 않는다면, 바깥세상과 진정한 접속을 할 수가 없습니다. 자기와 진짜 하나가 되어야, 외부 세계와도 연결될 수 있습니다. 그 역도 마찬가지입니다. 진실한 연결은 오직 온전한 마음챙김과 몰입 상태에 있을 때만이 가능합니다. 그래서 자기의 섬으로 돌아가라는 것은 무엇보다도 마음챙김과 몰입 상태로 들어가는 것을 의미합니다.

플럼 빌리지에는 '자기의 섬'이라는 노래가 하나 있습니다. 마음챙김 상태에서 좌선을 하거나 걸으면서 명상을 할 때, 아마도 당신은 이 노래를 하고 싶을 수도 있을 겁니다.

숨을 들이쉬며,

나는 내 안의

섬으로

돌아갑니다.

그 섬에는

아름다운 나무들이 있습니다.

깨끗한 물이 흐르는

시내도 있고, 새들도 있고,

햇빛, 그리고 신선한 공기가 있습니다.

숨을 내쉬며,

나는 안전함을 느낍니다.

나의 섬으로 돌아가는 것을

나는 즐거워합니다.

문명의 울타리 안에서 우리는 듣기와 말하기의 기술을 충
분히 익히지 못했습니다. 서로의 말에 진심으로 경청하는
방법을 모르는 것이죠. 의사소통을 하지 못하면, 에너지는
내면에 장애물을 만들고 마음을 아프게 합니다. 타인과 진
심으로 연결되고 싶다면, 그들의 이야기를 경청해야 합니
다. 진심으로 귀 기울여 듣는 것은 이해하는 것이고, 내면
의 NST 라디오를 끄는 것입니다.

7

관계를 만든다는 것은

인류 역사상 우리에게 지금처럼 의사소통을 위한 수단이 많았던 적은 없었습니다. 스마트폰, 문자, 전자메일, SNS 등등. 그러나 우리는 그 어느 때보다도 서로에게서 멀어져 있습니다. 가족 간의, 사회 구성원들 사이의, 국가 간의 진정한 소통이 놀랍게도 거의 이루어지지 않고 있는 것이죠.

문명의 테두리 안에서 우리는 분명히 충분한 듣기와 말하기의 기술을 익히지 못했습니다. 우리는 진심으로 경청하는 방법을 모릅니다. 대부분은 열린 마음과 진정성으로 자신을 표현하거나 다른 이의 말에 귀 기울이는 소중한 능력이 거의 없어요. 우리가 의사소통하지 못할 때, 에너지는 내면에 장애물을 만들고 우리를 아프게 하죠. 그리고 아픔이 커질수록 우리는 고통스럽고, 이 고통은 다른 사람에게 흘러넘칩니다.

우리가 타인과 더 많이 연결되고 싶다면, 더 이상 그들에게 문자를 보낼 필요가 없습니다. 그들의 이야기를 더 많이 들어야 하는 것이죠. 진심으로 깊이 귀 기울여 듣는 것은 이해하는 것입니다. 이해하는 것은 더 큰 관계를 만들어 내죠. 진심으로 깊이 듣는 방법은 단지 열심히 들으려고 애쓰는 것이 아니에요. 그보다는 고요와 함께 시작하는 수행 속에서 시간을 갖는 것입니다. 즉, 내면의 NST Non-Stop Thinking 라디오를 조용하게 하는 것이죠.

마음챙김으로 연결되어 머무르기

우리는 관계 맺기를 간절히 원합니다. 그리고 그것을 위해 스마트폰이나 전자메일을 사용하죠. 누군가가 우리에게 문자나 전자메일을 보내면 신경화학 물질로 인한 달콤함을 느끼고, 스마트폰이 없거나 가까이에 있지 않을 땐 불안을 느낍니다.

나는 스마트폰이 없습니다. 그러나 친구들이나 학생들과 연결이 끊어져 있다고 느끼지는 않습니다. 나는 자주 그들을 생각합니다. 그들에게 펜으로 종이에 편지를 쓰죠. 내가 친구에게 한 장의 편지를 쓰는 데는 시간이 좀 걸립니다. 며칠 또는 한 주 정도 걸리기도 하죠. 그러나 나는 그 시간 동안 그 친구에 대해서 생각하는 시간을 많이 갖습니다! 또한 나를 방문하는 친구들도 있습니다. 그들이 내게 전화했을 때만큼 이야기를 많이 하지는 않지만, 우리는 함께 있는 그 시간이 정말 소중하다고 느낍니다. 나는 그들을 바라보면서 그들의 말을 주의 깊게 경청합니다. 그들의 이야기는 한동안 다시 들을 수 없는 것이기에 소중합니다.

서로 말을 할 필요가 없는 그런 좋은 친구와 함께 해본 적이 있나요? 나에게 그것은 가장 깊은 우정을 말합니다. 바로 영적인 우정이죠. 이것은 아주 드문 일입니다. 영적으로 훌륭한 친구는 어떤 면에서는 당신의 스승입니다. 진정한 스승은 자유롭고 고요에 대한 두려움이 없는 사람이죠. 그 사람은 굳이 스승님으로 **불릴** 필요가 없고, 그(그녀)는 당신보다 더 어릴 수도 있습니다. 만일 당신의 삶에서 단 한 명이라도 이런 스승을 만난다면, 당신은 정말 운이 좋은 것입니다. 훌륭한 영적 친구를 만나는 것은 우담바라꽃이 피는 것만큼 아주 드문 일이라는 이야기가 전해집니다. 우담바라는 3,000년에 한 번씩 꽃을 피운다고 하죠. (우담바라꽃의 학명은 **피쿠스 글로메라타**Ficus glomerata[15]로 이 식물은 무화과 과에 속합니다.)

우리가 훌륭한 영적 친구를 만나면, 그 친구로부터 어떻게 덕을 배울 수 있는지 알아야만 합니다. 그 사람은 이해한다는 것과 행복, 그리고 자유를 일깨웁니다. 그리고 우리는 내면에 이미 깨어있는 이해와 자유의 씨앗에 물을 주면서 그(그녀)에게서 위안을 얻죠. 결국은 감정이나 물질의 위안이 더 필요하지 않다는 것을 알게 됩니다. 매일 우리를 칭찬하거나 전화를 걸어오는 그런 영적 친구는 필요하지 않습니다. 그 친구가 상점에서 산 선물이나 그의 어떤 특별한 대우 같은 것도 필요하지 않습니다.

우리는 시간을 잘 활용해야만 합니다. 만일 우리가 사소한 기대감으로 시간을 허비한다면, 영적 친구들의 진실한 선물을 받을 수 없을 것입니다. 그들이 서로 다른 상황에서 어떻게 행

---

15 인도가 원산지이며 무화과 과에 속한다. 산기슭이나 고원 지대에서 자라며 보리수와 더불어 신성한 나무로 취급된다. 전설에 의하면 3,000년에 한 번 꽃이 피는데, 이 꽃이 피면 여래如来나 전륜성왕이 나타난다고 하여 불교에서는 이 꽃을 매우 드물고 희귀한 것을 비유할 때 인용한다.

고요의 힘

동하는지 관찰함으로써 우리는 귀중한 지혜를 얻을 수 있게 됩니다. 이해한다는 것이 무엇인지, 깨달음을 스스로 체험할 수 있습니다. 온종일 영적 친구 옆에 앉아 있거나 그들에게 자신을 인정받거나 관심을 요구하려고 붙잡을 필요는 없습니다. 그들이 없어도 우리는 그들의 현존을 느낄 수 있습니다.

훌륭한 영적 친구는 누구든지 될 수 있습니다. 아마도 당신이 기대했던 사람이 아닐 수도 있어요. 그러나 그 친구를 만난다면, 당신은 가장 행복한 사람이 될 것입니다.

애정이 깃든 고요와 벗하기

당신이 누군가와 함께 산다면, 아마도 서로에게 익숙함으로부터 오는 편안한 고요함이 어떤 것인지를 알 것입니다. 그러나 당신이 관심을 기울이지 않으면, 이 편안함은 당신이 함께 사는 사람을 너무도 당연한 것으로 여기는 결과를 가져올 수도 있어요. 『어린 왕자』의 저자, 앙투안 드 생텍쥐페리Antoine de Saint-Exupéry는 이렇게 말했습니다. "사랑은 서로를 응시하는 게 아니라 같은 방향을 바라보는 거야." 티브이를 보면서 방

안에 함께 앉아 있는 것이 그가 말하고자 하는 것은 아니라고 나는 생각합니다.

두 사람이 함께 티브이를 응시하는 이유는 아마도 서로를 바라보는 것이 과거에 그랬던 것만큼 커다란 행복을 가져오지 않기 때문일 것입니다. 우리가 서로 처음 만났을 때, 사랑하는 사람은 기쁨, 그 자체였습니다. 그(그녀)는 삶의 천사였죠. 그리고 우리는 서로 이렇게 말했어요. "나는 당신 없이는 살 수 없어요." 서로의 목소리를 듣는 것은 달콤한 새들의 노랫소리를 듣는 것 같았죠. 그리고 서로를 바라보는 것은 떠오르는 태양을 보는 듯했습니다. 이제, 마주 보며 목소리를 듣는 것은 더 이상의 기쁨을 가져다주지 않습니다. 우리는 아마도 너무도 많은 언쟁을 벌였고 어떻게 화해하는지, 행복을 다시 찾을 수는 있는지조차 알 수가 없습니다. 서로가 다시 연결되기 위한 방법을 찾는 대신 티브이만 계속 본다면, 모든 일은 단지 시간이 지나면서 점점 더 나빠질 뿐입니다.

언젠가 한 여성이 프랑스판 《엘르Elle》 매거진에 올릴 인터뷰를 위해 플럼 빌리지의 뉴 햄릿New Hamlet에 있는 비구니 스님들을 만나러 왔습니다. 어느 날, 스님들과 이야기하던 중에 내가 그곳을 들렀고, 그래서 그녀는 나를 인터뷰할 기회를 잡았

고요의 힘

죠. 그녀는 명상과 마음챙김에 대해서 내가 말해 주기를 원했습니다. 그러나 나는 다른 종류의 수행을 제안하고 싶은 마음이 들었습니다. 이것은 하나의 수행 방법으로《엘르》독자들에게 제안한 것입니다.

오늘 저녁, 식사가 끝난 후에, 당신의 남편이
티브이를 켠다면, 숨을 깊이 들이쉬는 것을 연습하고,
당신의 몸과 마음을 차분하게 하고,
그에게 미소 지으며 말해보세요.
"여보, 티브이 좀 꺼주시겠어요?
내가 당신과 하고 싶은 말이 있어요."
다정한 말투로 이렇게 그에게 말을 걸어 보세요.
그는 아마도 조금은 짜증을 낼 수도 있겠죠.
그는 당신과 싸움을 시작하거나
그와 비슷한 것을 하기 위해
당신을 기다릴 것입니다.
남편이 티브이를 끈 후에,
당신은 계속 미소 지으면서 말을 이어갑니다.
"여보, 우리는 왜 행복하지 않을까요?

우리는 모든 것을 가졌어요. 우리 둘 다 많은 급여를 받아요.
아름다운 집이 있고 통장에 충분한 돈이 들어있죠.
그런데 왜 우리는 행복하지 않죠?
잠깐 시간을 갖고 함께 이것을 생각해 보면 어떨까요?
우리의 시작은 아주 훌륭했어요. 행복했지요.
그러나 우리의 행복이 사라진 이유를 찾아보기 위해서
함께 이야기해 보면 어떨까요? 그래서 더 좋은 방향으로
나갈 수 있도록 방법을 찾아보고 싶어요."

이것은 명상입니다. 진정한 명상입니다. 우리는 보통 상대방을 비난합니다. 그러나 어떤 관계에서든 **두 사람** 다 그 모든 과정에 대한 책임을 함께 져야 합니다. 둘 다 사랑과 행복을 어떻게 키워가야 하는지 모르는 것이죠. 우리는 대부분 어떻게 고통을 다루는지, 또는 다른 사람이 고통을 다룰 수 있도록 돕는 방법을 모르고 있어요. 그래서 나는 《엘르》 독자들과 유익한 것을 공유하고자, 여러분은 이런 말을 준비하고 있어야 한다고 말했습니다. 즉, "나는 실수를 했습니다. 내 생각과 내가 한 말들, 행동이 우리의 행복에 상처를 입히고 관계에 해를 끼쳤습니다."

어떤 관계 속에서 고군분투하는 자신을 발견했을 때, 우리는 자기 모습을 있는 그대로 면밀하게 바라볼 필요가 있습니다. 자신의 사고방식, 말, 그리고 행동이 어떤 식으로 관계에 해를 끼치는지 알게 되면, 우리는 상대에게 미안하다고 말할 수 있게 됩니다. 진심으로, 그리고 마음챙김 안에서 우리는 다시 새롭게 시작하고자 하는 열망을 표현할 수 있습니다.

그 《엘르》기자에게 내가 묘사한 수행은 모든 가정에서 할 수 있습니다. 티브이를 끄고 생각을 공유하는 것으로 시작합니다. 일상의 언어를 사용하면서 그 상황을 함께 깊이 바라보는 것입니다. 아마도 당신 자신이 그런 대화를 시작하고 싶을 수도 있어요.

두 사람이 고통에 신음하고 있고 그들이 같은 방향을 보고 있을 때, 그것이 티브이를 향한 방향은 아니어야 합니다. 진실한 연인들은 평화를 향해 바라보고 있어야 합니다. 우리 모두 사랑을 잘 키우고 서로의 고통을 다룰 수 있도록 도울 수 있는 수행이 필요합니다. 그 사랑과 고통은 우리 자신 안에 있고, 파트너와 친구들의 내면에 있고, 온 세상에 존재하는 것입니다. 사람들은 고통에 빠져 있습니다. 그래서 우리는 그들에게 힘을 실어 주어야 합니다. 이것은 가능한 일입니다. 그리고 그들의 고통이 덜어질수록, 우리의 행복은 더 자라납니다.

플럼 빌리지 수련회는 파경 직전의 커플들이 참여하기도 합니다. 수련회에 참석하는 것은 그들의 최후 수단입니다. 그리고 닷새, 엿새, 이레 정도 수련회가 지나면 서로 화해할 수 있게 된 파트너들이 항상 있습니다. 그것은 모든 사람의 행복을 더 키워주죠.

당신과 당신의 파트너는 연인입니다. 당신은 상대의 고통이 훨씬 줄어들 수 있도록 꿈꾸고, 생각하고, 행동할 수 있습니다. 일단 자신과 파트너의 행복을 잘 키우고 고통을 다룰 방법을 알게 되면, 당신 둘은 다른 사람들을 도울 수 있게 됩니다. 이것이 바로 한 방향을 바라보는 것이죠. 이로써 행복은 강화되고 무한히 커지는 것입니다.

음악 같은 고요

음악에는 '쉬는 순간', 소리를 내지 않는 순간들이 있습니다. 만일 그런 여백이 없다면, 난잡한 음악이 될 수도 있습니다. 고요하게 쉬어가는 순간이 없는 음악은 혼란스럽고 억압적인 느낌일 것입니다. 아무 말 없이 친구와 조용히 앉아 있을 때, 그 시간은 음악에서 필요한 쉼표들만큼 소중하고 중요한 순간입니다. 친구들과 나누는 고요함은 말하는 것보다 훨씬 더 좋을 수 있지요.

1939년에 태어난 찌잉 꽁 선Trinh Cong Son은 사랑받는 가수이자 작곡가였습니다. 그는 '베트남의 밥 딜런Bob Dylan'으로 불렸죠. 그가 2001년에 죽었을 때, 자발적인 장례식 콘서트를 열기 위해서 수십만의 군중이 모였다고 합니다. 이는 베트남 역사에서 호찌민의 장례식 행렬 이후로 가장 많은 수의 군중이 모인 것입니다.

찌잉 꽁 선은 소음 때문에 피곤해했어요. 심지어 자신을 칭찬하는 외침과 박수 소리도 마찬가지였습니다. 그는 고요한 순간을 소중하게 여겼습니다. 이렇게 써놓기도 했지요. "음악에서 쉼표 같은 몇몇 친구들이 있다. 그들의 존재는 편안하고 자유로우며 축복 같은 느낌을 준다. 당신은 의미 없는 잡담을 할 필요가 없다. 완벽하게 당신 자신을 느끼고 편안함을 느끼게 된다." 찌잉 꽁 선은 무엇인가를 할 필요도 없고 심지어 말할 필요도 없이 친구와 함께 앉아 있을 때, 그 시간을 즐겼습니다. 그리고 단지 그 우정으로 성장했죠. 우리는 이와 같은 우정이 필요합니다.

플럼 빌리지에서, 우리는 좌선을 정말 좋아합니다. 특히 하나의 영적인 가족으로서 함께 명상하는 것을 좋아하죠. 좌선 명상을 하는 동안, 우리는 말하지 않습니다. 그러나 대부분은 혼자 명상하는 것보다는 셋이나 넷, 또는 그 이상이 함께 앉아 명상하는 것이 더 즐겁다고 느낍니다. 이처럼 조용히 함께 좌선하면서 우리는 모두 서로의 존재에 의해 성장합니다.

고대 전통 베트남 음악의 고전 〈루트 송Lute Song〉은 한 여자의 이야기입니다. 이 여자는 루트를 연주하다가 어느 순간, 멈춰버립니다. 그 노래는 이렇게 이야기하죠, "지금, 내 음악이 멈췄어요. 이 소리 너머를 바라보기 위해서." 음표와 음표 사이의 공간은 매우, 매우 강력하고, 정말 의미 있습니다. 어떤 소리보다 더 감동적입니다. 소리를 내지 않는 것은 소리를 내는 것보다 더 즐겁고, 더 심오합니다. 찌잉 꽁 선은 같은 것을 느낀 것입니다.

나의 미국 학생 중 한 사람이 미국의 색소폰 연주자, 데이비드 샌본David Sanborn이 인터뷰에서 한 비슷한 이야기를 나에게 해주었어요. 그의 동료인 색소폰 연주자, 헹크 크로퍼드Hank Crawford와 유명한 작곡가 겸 트럼펫 연주자, 마일스 데이비스

Miles Davis를 언급하면서 샌본은 이렇게 말했습니다. "헹크는 당신이 남겨 놓은 여백이 당신이 만들어 놓은 음만큼 중요하다는 것을 이해하고 있었습니다…. 그리고 마일스 데이비스의 곡을 내가 들었을 때, 나는 무척이나 끌렸는데… 그의 단순함, 여백의 활용, 그리고 그 모든 여백을 채울 필요가 없음에 끌려들어갔습니다."

아난다와 관계의 음악

관계와 의사소통은 또한 어떤 종류의 음악입니다. 친구와 함께 앉아 있으면, 당신은 아무런 말을 하지 않아도 됩니다. 서로를 이해한다는 것과 서로의 진정한 현존을 마음껏 누릴 수 있다면, 그것으로 충분합니다. 비참했던 베트남 전쟁 동안에 찌잉 꽁 선의 가장 큰 위안은 그의 친구들과 함께한 고요한 순간들이었을 거라고 나는 확신합니다. 그러나 어떤 이가 찌잉 꽁 선이 한 것처럼 조용히 앉아 있는 법을 모른다면, 그가 오직 술에만 빠져 있다면, 그런 고요한 순간들은 그에게 결코 가능하지 않을 것입니다.

한때 붓다가 인도의 제따바나Jetavana 사원에 머무르고 계실 때, 200명의 승려들이 해마다 있는 우기 수행을 준비하고 있는 동안, 코삼비Kosambi[16]로부터 300여 명의 승려들이 도착했습니다. 승려들은 서로를 다시 볼 수 있게 되어서 모두 행복했고 함께 큰 소리로 말하고 있었습니다. 당신의 방에서 그 소음을 들은 붓다는 그의 제자 사리불에게 묻습니다. "무슨 소란입니까?"

사리불은 대답합니다. "코삼비에서 온 비구들이 있습니다. 그들은 다른 승려들을 만난 기쁨에 크게 소리 내 이야기 하면서 주의 깊은 태도를 잃었습니다. 부디 그들을 용서해 주십시오."

붓다가 말씀하셨습니다. "만일 그들이 그렇게 요란하고 시끌벅적할 거라면, 다른 곳으로 가야만 합니다. 여기 머물 수는 없어요." 붓다는 더 의식적이고 의미 있는 방법으로 그들의 에너지를 사용하는 것에 대해서 가르치고 싶었습니다.

사리불은 붓다께서 말씀하신 것을 그 승려들에게 전했습니다. 그들은 조용해졌고 우기 수행을 위해 근처의 다른 곳으로 옮겨 갔습니다. 90일 동안의 수행을 통해, 승려들은 아무 쓸모

---

16 기원전 500년 경. 인도 최대 도시 중의 하나다. 매우 번성하였고 수많은 백만장자 상인이 거주하였다고 한다.

없는 잡담으로 자신을 잃어버리는 것에 대해 붓다가 가르치려고 했던 것을 기억했습니다. 그들은 마음챙김과 집중을 온 마음으로 함양했고, 수행이 끝날 무렵 매우 큰 변화를 깨달았습니다. 무겁고, 진지하고, 엄숙해진 것이 아니라 얼굴이 더 밝아졌고 미소와 생기가 넘치고 있었습니다.

그들은 수행을 끝내고 붓다에게 돌아가 고마움을 전달하고 싶었습니다. 이 소식을 들은 사리불은 붓다에게 말했습니다. "스승님, 코삼비의 승려들이 수행을 끝내고 스승님께 경의를 표하고자 합니다." 붓다는 그들을 오도록 허락했고, 합장하며 인사를 했습니다.

저녁 7시 경이었습니다. 코삼비에서 온 300명의 승려들과 제따바나에 거주하는 200명의 승려들이 붓다와 함께 큰 명상 홀에 앉았습니다. 스승과 제자들이 고요함 속에 7시부터 자정까지 앉아 있었습니다. 그 누구도 단 한마디도 하지 않았죠.

붓다의 시중을 드는 아난다가 스승께 가서 말했습니다. "스승님, 거의 자정입니다. 사문들에게 하실 말씀이 있습니까?" 붓다는 아무 말도 하지 않았습니다. 그리고 모두 새벽 3시까지 정진을 계속했습니다. 역시 아무 말 없이 그대로 앉아 있었습니다. 아난다는 약간 당혹스러웠어요. 그래서 다시 스승께 가서 말했습니다. "지금 3시입니다. 스승님께서 대중들에게 하실 말씀이 있습니까?" 그러나 붓다는 그저 고요 속에서 앉은 채로 정진을 계속하셨습니다.

오전 5시가 되자 아난다는 다시 와서 조르듯 말했습니다. "스승님, 해가 떠오르고 있습니다. 대중들에게 아무 하실 말씀이 없으신지요?"

붓다께서 마침내 말씀하셨습니다. "아난다여, 그대는 내가 무엇을 말하기를 원하는가? 스승과 제자들이 평화롭고 행복하게 이렇게 함께 앉아 있는데, 이것으로 충분하지 않은가?"

단순하게 서로의 존재를 볼 수 있고 느낄 수 있으면 그것은 매우 큰 행복입니다. 비록 한마디의 말이 없었다고 할지라도, 그것은 어떤 말을 해서 가치 있는 것보다 무한히 더 가치 있는 것입니다.

고요 속에서 함께 하기

매일 우리는 온종일 다른 사람들과 소통하고 상호 작용을 합니다. 마음챙김 안에서 언제나 산뜻한 내면의 고독과 함께

고요의 힘

하면서 말이죠. 내가 전에 언급했듯이, 고독은 깊은 숲속의 오두막에 혼자 있다고 느껴지는 것이 아닙니다. 자신을 문명과 분리한다고 찾아오는 것도 아니죠. 비록 그것이 분명히 영적 수행의 한 방법일 수는 있지만.

진정한 고독은

군중에 의해 휩쓸려 가지 않고,

과거의 슬픔에 의해 잠식당하지 않고,

미래에 대한 걱정으로 매몰되지 않고,

현재의 흥분 상태나 스트레스에 의해 자제력을 잃지 않는

안정된 마음으로부터 옵니다.

우리는 절대 자기 자신을 잃지 않습니다. 그리고 마음챙김 또한 잃어버리지 않습니다. 지금, 여기로 돌아와 마음챙김 호흡 안에서 쉰다는 것은, 우리 각자의 내면에 있는 아름답고 고요한 섬에서 피안에 이르는 것입니다.

감정 때문에 혼란스럽거나 인식에 사로잡히지 않고 우리는 다른 사람들과 함께 있는 것을 즐길 수 있습니다. 대신, 우리는 그들을 우리의 지지자로서 바라보는 것이죠. 마음챙김 안

에서 행동하고, 사랑으로 말하고, 자기 일을 즐기는 누군가를 보면, 이 사람은 마음챙김의 근원으로 돌아가도록 우리를 상기시키는 사람입니다. 마음이 산란하고 정신이 없는 사람을 보면, 이 또한 마음챙김의 종을 치게 하는 경우일 수 있습니다. 우리의 본래면목[17]을 상기시키고, 그것에 나와 당신이 가닿을 수 있도록 부지런히 정진하고자 하는 마음을 일으키게 하는 경우가 되기도 합니다. 아마도 어떤 이는 우리의 진정한 현존을 알아차리고 자신 또한 본래면목에 가 닿기 위해 고무될 것입니다.

우리 주변의 사람들과 함께 즐거운 시간을 보낸다면, 그 상호작용 속에서 우리는 길을 잃었다고 느끼지 않습니다. 그리고 어디에 있든, 평화 속에서 웃을 수 있고 숨 쉴 수 있습니다. 자기의 섬에서 만족하게 살면서 말이죠.

규칙적인 수행을 위해서 수행 공동체의 지지를 받는 것은 매우 중요합니다. 수행하는 사람들과 함께 좌선할 기회를 얻

---

17 불성. '참 나'라고도 불리는 모든 생물과 무생물 즉, 만물의 근본 자리를 일컫는다. 언어로 표현할 수 없으나 전달을 위한 방편으로, 철저히 쓰임을 위한 언어다. 우리는 본래 깨달은 존재라는 것을 일깨워 주는 말씀이다. 본래 그렇다는 것은 지금, 어제, 내일도 그렇다는 것이다.

고요의 힘

고, 마음챙김의 그 집단적인 에너지가 우리의 고통을 끌어안을 수 있도록 한다면, 우리는 거대한 강물 속 한 방울의 물이 되고, 훨씬 더 좋아진 자신을 느낄 수 있게 됩니다.

우리가 서로에게 줄 수 있는

가장 귀한 것은

자신의 현존입니다. 그것이 바로

마음챙김과 평화의 집단 에너지를 창조합니다.

우리는 앉을 수 없는 사람들을 위해 앉을 수 있고,

걸을 수 없는 사람들을 위해 걸을 수 있고,

고요와 평화를 가지지 못한 사람들을 위해

고요와 평화를 창조할 수 있습니다.

이런 분위기 속에서라면 내면의 장애들이 풀리는데 우리가 해야 할 일은 전혀 없을지도 모릅니다.

자신을 치유하고 세상을 치유한다는 것은 정말 동시에 일어나는 일이고 가능한 일입니다. 깨어있는 모든 발자국, 그리고 깨어있는 모든 호흡과 함께하면서 말이죠.

집단의 습관 키우기

집단의식은 독성이 있는 음식이거나 건강한 음식일 수 있습니다. 사고방식, 말, 그리고 행동의 집단적 습관은 마찬가지로 건강할 수도 건강하지 않을 수도 있습니다. 만일 우리가 함께 노력한다면 — 일터에서, 가정에서, 또는 친구와 함께 모여서 — 즉, 전화기에 답을 하기 전에 주의 깊은 마음으로 호흡하고, 종소리나 전화기가 울릴 때, 차임벨이 울릴 때, 사이렌이나 머리 위에서 비행기가 지나가는 소리를 들을 때 모든 것을 멈추고 듣는다면, 이 모든 것들은 유익한 집단적 습관이 됩니다.

집단의 습관은 매우 강력할 수 있습니다. 우리는 오래되고 건강하지 못한 습관의 반복을 멈추기 위해, 그리고 더 좋은 방향으로 나아가기 위해 서로를 지지할 수 있습니다. 함께, 생각을 멈추고 숨을 쉬는 것에 집중할 수 있습니다. 부드럽게 호흡하기 위해 서로를 도울 수 있고 들숨에 집중할 수 있습니다. 부드럽게 호흡을 내쉬고 날숨에 집중할 수 있습니다. 이것은 아주 단순한 것입니다. 그러나 그 효과는 엄청납니다. 만일 모든 사람이 생각을 멈추고, 깨어있는 상태에서 함께 호흡한다면, 자동으로 우리는 더 이상 고립된 개인들이 아니라 기쁨이 넘치는 하나의 집단이 되는 것입니다. 개인으로 저마다 분리된 것들의 합이 아니라 하나의 공동체로서 우리는 행동합니다. 하나의 거대한 유기체인 것이죠. 이 새로운 에너지의 수준은 우리 각자가 마음챙김 호흡과 걷기를 하면서 만든 에너지보다 훨씬 더 강력합니다.

몸을 편안하게 하고 마음챙김과 몰입의 집단 에너지가 스며들게 할 때, 치유는 쉽게 일어날 수 있습니다. 좌절감이 들었을 때, 몸과 마음을 활짝 열고 마음챙김과 몰입의 집단 에너지가 자신에게 들어오도록 두 팔을 활짝 벌린다면, 그것은 완전한 치유가 될 것입니다.

이타행을 향하여

우리는 강력하면서도 치유의 힘을 지닌 고요를 어떻게 만들어낼 수 있는지 배울 수 있습니다. 가족이나 지역의 수행 모임뿐만이 아니라 더 큰 공동체 안에서 빚어낼 수 있는 고요. 만일 당신이 학교 선생님이라면, 숭고하고 신선한 느낌의 고요를 학급 안에서 어떻게 피어나게 할 수 있는지 알아야만 합니다. 당신이 사업가이거나 공동체의 지도자라면, 미팅할 때마다, 또는 근무 시간에 이 고요와 함께 시작하도록 제안할 수 있습니다.

1997년 인도에 있을 때, 나는 국회의장을 방문했습니다. 그리고 그에게 입법회의 동안 종소리가 들리면, 호흡하고, 미소 짓는 수행을 도입해 보라고 제안했습니다. 의회 의원들이 호흡을 주의 깊게 하고 종소리를 들으면서 각각의 회의를 시작해 볼 것을 제안한 것이죠. 토론이 너무 뜨거워졌을 때, 사람들이 더 이상 상대의 말을 들을 수 없게 되었을 때, 종소리를 신호로, 의회 전체가 말을 멈추고, 마음챙김 호흡을 연습해 보라는 권유를 한 것입니다. 그들이 다시 토론하고 경청하기 위해서 자신을 차분하게 가라앉힐 필요가 있었던 것이죠. 열흘 후, 그는 윤리위원회를 만듭니다. 의회 안에서 행해지는 이 품위 있는 수행을 감독하기 위해서요.

다양하고 수많은 활동 속에서 삶을 살아가면서, 이 고요함을 위하여 광대무변의 순간, 비록 찰나일지라도 그것을 노력하여 체험하게 된다면, 우리는 궁극의 자유를 향하여 자신을 활짝 열게 됩니다. 세상 속의 지위나 명성이 우리를 행복하게 해 줄 것이라는 희망 속에서 그것들을 차지하려고 더 이상 다투고 거칠어지지 않습니다. 우리는 바로 지금 행복할 수 있습니다. 바로 지금, 이 순간에 평화롭고 기쁠 수 있습니다.

비록 평생을 제대로 쉬지 못하고 불안하게 살아왔다해도, 우리는 죽기 직전, 단 2분의 시간을 가질 수 있습니다. 생각이 멈추고, 마음챙김 호흡을 하고, 고요와 평화를 발견할 수 있는 시간이지요. 그러나 왜, 왜 그때까지 기다려야 하나요? 지금, 여기에 존재하고 살아있음의 기적을 소중하게 여기는 것을 왜 죽음이 임박해서야 알아차리는 건가요?

수행하기

좌선을 위한 좌선

　사람들은 가끔 이런 말을 합니다. "거기 그냥 앉아 있지 말고 뭐라도 해라!" 어떤 행동을 재촉하는 것이죠. 그러나 마음챙김 수행은 종종 이렇게 말합니다. "뭔가를 하려고 하지 말고 거기 그냥 앉아 있어요." 가만히 있는 것도 사실은, 행동입니다. 눈에 보이는 행동을 많이 하지 않는 것처럼 보이는 사람들이 있습니다. 그러나 그들의 존재는 세상의 안녕을 위해 절대적으로 중요합니다. 그들 존재의 특성은 스스로를 다른 사람들과 삶에 진정으로 쓰임새가 있도록 자신을 만들어 가는 것이죠. 그들에게 가만히 있는 것은, 아무 행동을 하지 않는 것은, 어떤 것을 하는 것입니다. 가끔 당신은 가만히 앉아서 아무것도 하지 않는 것을 갈망하는 자신을 발견할지도 모릅니다. 그러나 정작 그런 기회가 왔을 때, 그 시간을 어떻게 즐겨야 할지 모를 수도 있어요.

대체로 우리 사회가 매우 목표 지향적인 것이 주요 원인일 것입니다. 우리는 언제나 확실한 방향으로 가려고 하고 마음속엔 특별한 목적을 가지고 있습니다. 반면에 불교는, '목적 없음'이라는 깊은 안목의 깨달음이 있습니다. 이 가르침이 당신에게 말하고자 하는 것은, 당신 눈앞에 어떤 것을 놓고 그것을 좇아 달릴 필요가 없다, 왜냐하면 모든 것은 이미 당신 안에 있다, 라는 것입니다. 좌선에 대해서도 같습니다. 어떤 목적을 얻기 위해서 좌선하지 마세요. 좌선 명상은 당신이 삶으로 돌아오도록 합니다. 당신이 무엇을 하고 있든지, 정원에 물을 주고 있거나, 양치질하고 있거나, 설거지하고 있어도, 그것이 '목적 없음'이라는 방식으로 할 수 있는지 아닌지를 살펴보세요.

바람을 가지는 것, 목적을 가지는 것 모두 괜찮습니다.
다만, 그것이 지금, 여기의 행복을
방해하도록 해서는 안 됩니다.

고요 속에 앉아 있는 것은 그 자체로 목적 없음이 될 수 있습니다. 또한 목적 없음의 방식으로 안내하는 명상을 수행할 수도 있습니다. 여기 명상을 합니다. 자발적이고 신선함, 고독하고 명료함, 그리고 광대무변함을 수행하는 명상입니다.

숨을 들이쉬고, 나는 내가 숨을 들이쉬고 있음을 압니다.

숨을 내쉬고, 나는 내가 숨을 내쉬고 있음을 압니다.

(들이쉼. 내쉼.)

숨을 들이쉬고, 나는 나를 꽃으로 봅니다.

숨을 내쉬고, 나는 신선함을 느낍니다.

(꽃. 신선함.)

숨을 들이쉬고, 나는 나를 산으로 봅니다.

숨을 내쉬고, 나는 단단함을 느낍니다.

(산. 단단함.)

숨을 들이쉬고, 나는 나를 고요한 물로 봅니다.

숨을 내쉬고, 나는 만물을 있는 그대로 반영합니다.

(물. 반영.)

숨을 들이쉬고, 나는 나를 텅 빈 공간으로 봅니다.

고요의 힘

숨을 내쉬고, 나는 자유를 느낍니다.

(공간. 자유.)

'자기의 섬'을 찾아서

지금은 거의 기억도 안 나는 어린 시절이 제게도 있었습니다. 몇 살 무렵이었는지는 잘 모르겠지만, 주변에서 어른들이, 누가 어젯밤에 돌아가셨다네, 라고 하는 말을 들으면 어린 마음에 그 말이 참 이상했습니다. "돌아가셨습니다."라는 말이 까닭 없이 귀에 들어온 것이죠. 왜 돌아가셨다고 할까? 죽었는데 왜 돌아가셨다고 할까? 돌아갔다는 말은 어디서 왔다는 얘긴데, 온 곳으로 다시 간다는 말인데, 어디서 왔지? 하면서 혼자 상상의 날개를 펼치곤 했습니다. 어른들에게 물어보지는 않았을 겁니다. 궁금한 걸 쫓아다니면서 물어보는 아이가 아니었을 테니까요, 지금 저를 보면 말입니다. 그렇지만 그때의 저를 지금 정확하게 기억한다는 건 불가능한 일이니, 모를 일이죠.

기억은 믿을 만한 것이 못 된다는 것을 진즉 눈치챘습니다. 그것은 오직 '나'의 눈과 귀와 느낌과 생각의 창을 통해 수렴한 것을 그린 그림입니다. 그 그림은 수시로 변하기도 하고, 무게가 더 나가거나 덜 나가기도 합니다. 이전에는 천근만근 하던 것이 지금은 한 근도 채 안 되는 그림도 있습니다. 눈앞에서 보는 것처럼 또렷하던 것이 선도 색도 흐릿하고 그나마 어쩌다 떠올리게 되면 실루엣만 어렴풋하거나 그게 아니면 아예 사라지고 없습니다. 먼 기억부터 조금 전 기억까지, 엄밀하게 말하면 나의 생각이고 100퍼센트 객관적인 것이 아니며 그리하여 사실, 또는 진실이라고 할 수가 없죠. 결국엔 저를 비롯하여 우리 모두 자기만의 생각과 기억 속에 갇혀있는 것인지도 모릅니다. 왜 갇혀 있냐고요? 거기서 빠져나오지 못하고 그 창을 통해서만 자신과 세상을 바라보거든요. 그러니 어떤 것이 진짜라고, 내 말이, 생각이 '참'이라고 주장하면 안 되는 것이지요. 강변은 더더욱 안 됩니다. 요즈음 많은 사람이 자신을 강변하느라(늘 그랬지만) 세상이 시끄러운 듯합니다. 그러나 곰곰이 따져보면, 세상이 시끄러운 것이 아니라 제 속이 시끄러운 것입니다. 다양하고 수많은 주파수를 가진 라디오가 안테나를 밖으로 향한 채 있거든요. "생각이 멈추지 않는 라디오, NST라디오"는 누구에게나 있어서 오만 가지 생각이 끊임없이 채널을 돌려가며 방송 중입니다. 하루 종일 방송합니다. 잠자는 시간에도 아마 방송할 때가 안 할 때보다 많을 겁니다.

부처님이 이 오만 가지 생각에 대해서 비유를 한 가지 하셨는데요, 이 나뭇가지에서 저 나뭇가지로 쉴 새 없이 건너다니는 원숭이를 예로 들으셨죠. 이 녀석은 가만히 있지 못하고 끊임없이 뛰어다니고 마치 새라도 되는 것처럼 나무들 사이를 날아다니기도 합니다. 아마 잠잘 때만 가만히 있을 거예요. 비유가 안성맞춤이죠. 이 원숭이처럼 쉴 새 없이 내달리는 생각들이 멈춰야만 비로소 그 생각들이 제대로 보입니다. 생각과 감정과 느낌이 매일 나를 엄습한다 해도 그것에 휩쓸리지 않으면, 비로소 내가 생각과 감정과 느낌의 주인이 됩니다. 그리고 그것들이 한결같지 않다는 것을, 늘 시시각각으로 변한다는 것을 알게 되고, 그럼 그 생각과 자신을 동일시하지 않게 됩니다. 어떻게 찰나에 변하고 끊임없이 다른 목소리를 내는 것이 늘 내가 '나'라고 하는 것일 수 있을까요?

그럼, 어떻게 멈출 수 있을까요? 라디오를 끄면 되죠. 내 손으로. 밖을 향한 안테나는 어딜 보고 있든 상관없습니다. 그런

고요의 힘

데 이게 말이 쉽지 잘 안 됩니다. 누구나 그렇습니다. 그래서 꾸준히 관심을 두고 일상에서 실천하는 것이 가장 중요합니다. 물론 그래야겠다는 마음을 먹는 것이 먼저죠. 원을 세우고 관심을 두지 않으면 내 발밑에 다이아몬드가 번쩍거려도 모릅니다. 밟고 지나갑니다. 지금까지 수없이 그랬을지도 모릅니다. 그 몰랐던 것도 아직 모른 채 말입니다.

'나'를 알기 위한 첫걸음은 나에 대한 관심으로부터일 것입니다. 이 세상에서 유일무이한 나에게 관심을 기울이고, 종일 켜져 있는 내면의 라디오 방송도 유심히 들어보고, 몸은 괜찮은지 찬찬히 들여다보고, 숨은 고르게 잘 쉬고 있는지 주의 깊게 살펴보고, 건강한 음식(네 가지 음식이 본문에 있지요)을 섭취하고 있는지 자기 검열도 하는 등, 나를 위한 모든 관심과 실천이 라디오를 끄기 위한, '멈춤'을 위한 작지만 큰 걸음이 될 수 있습니다. 한 걸음, 한 걸음 가다 보면 문득, '자기의 섬'에 닿을 수 있습니다. 그런데 사실은, 진짜는, 우리는 이미 그 섬에 있습니다. "그 섬에는 아름다운 나무들이" 있고, "깨끗한 물이 흐르는 시내도 있고, 새들도 있고, 햇빛, 그리고 신선한 공기가 있습니다." 아마도 "돌아가셨습니다." 하는 것은 바로 여기로 돌아갔다는 말이 아닐지 조심스럽게 상상해 봅니다. 어

린 시절, 그때처럼. 그러나 이것도 생각입니다. 언제 변하고 사
라질지 모르는.

부디, 여러분 모두 자각의 종을 울리시기를 기원하겠습니다.

2024년 12월

위소영 드립니다

고요의 힘

국내에서는 아직 언어의 개념조차 생소한 '마음챙김'Mindfulness이 미국에서는 아이비리그 대학을 중심으로 마음챙김 센터가 개설되고 인터넷 강좌가 열리는 등 대중적인 수행법으로 자리 잡고 있습니다. '스트레스 해소를 위한 마음챙김'Mindfulness-Based Stress Reduction, MBSR의 창시자인 매사추세츠 주립대 의학부 명예교수, 존 카밧진Jon Kabat-Zinn은 심신통합의학의 선구자로, MBSR은 현재 전 세계 수많은 병원과 클리닉에서 치료에 활용되고 있으며, 학교, 기업, 군대, 스포츠, 문화 등 다양한 분야에서도 널리 사용되고 있습니다. 2023. 4월, 하버드 공중보건대학원Harvard T.H.Chan School of Public Health에 틱낫한 마음챙김 센터 Thich Nhat Hanh Center for Mindfulness in Public Health가 개설되었습니다. 또한 구글의 엔지니어, 차드 멍 탄Chade-Meng Tan이 신경과학자, 심리학자, 선승 등과 함께 개발한 마음챙김 명상 프로그램, '내면 검색'Search Inside Yourself, SIY은 구글은 물론 각 기업체 및 단체에서 큰 인기를 끌고 있는 프로그램입니다.

고요의 힘

펴낸날 초판 1쇄 발행 2025년 1월 15일
초판 2쇄 발행 2025년 2월 10일

지은이 틱낫한Thich Nhat Hanh
옮긴이 위소영

펴낸이 위소영
펴낸곳 소수
편 집 은현희
디자인 행복한물고기Happyfish
제 작 제이오

출판등록 2024년 2월 5일(제2024-000006호)
주 소 경기도 안산시 상록구 건건8길 10(103-305)
전 화 010.9800.2048
팩 스 0508.933.2048
이메일 sosu14237@gmail.com
ISBN 979-11-989232-0-2 03220